G.B.S. 하나님 마음에 합한 시리즈 ⑯

하나님 마음에 합한 예배

프리셉트성경연구원 편

묵상하는 사람들
프리셉트

*서문

프리셉트성경연구원에서는 1982년 이래로 성경연구 전문서적을 편찬해 왔고 목회자들과 교회지도자들을 하나님의 말씀으로 훈련하는 심도 있는 프리셉트성경연구 과정을 개설해 왔습니다.

한편, 프리셉트는 한국 교회를 효과적으로 돕는 다양한 교재를 구역, 셀, 소그룹 그리고 청년부의 조모임을 위해 많이 개발하고 있습니다. 그 종별의 특징은 다음과 같습니다.

I. G.B.S. 교재의 종별 특징

1. High G.B.S. 시리즈

평신도 소그룹 중 성경공부를 장기간 진행해 온 분들에게 적합한 교재입니다. 프리셉트성경연구원의 고급 과정(PUP)에서 다루는 내용을 압축하여 정리한 내용으로서, 참여자들이 1시간 정도 예습해 올 수 있을 때에 효과적으로 진행할 수 있는 교재입니다.

2. BEST G.B.S. 시리즈

소그룹 참여자들의 신앙 수준이 다양한 점을 고려하여, 다양한 도입글과 질문을 제시하였습니다. BEST G.B.S.를 쉽고 편하게 진행하기를 원하면, 「더 깊은 연구와 묵상을 위하여」를 생략하고 다룰 수 있습니다.

3. 쉬운 G.B.S. 시리즈

이 교재는 질의응답식 내용을 통해 누구나 예습 없이 현장에서 쉽게 진행할 수 있도록 구성되었습니다.

4. 주제별 G.B.S. 시리즈

이 교재는 성경의 내용을 주제별로 다뤄서 해당 주제에 대해 성경적 세계관을 확립하는 데 큰 도움을 줍니다.

5. 하나님 마음에 합한 시리즈

이 교재는 신앙생활에 관한 16가지 주제를 소그룹용으로 편찬한 교재로서, 쉬운 G.B.S.에 비해 다루는 내용이 넓고 깊습니다.

6. 40분 G.B.S. 시리즈

이 교재는 미국 프리셉트 본부에서 기획된 교재로서, 약 40분 동안 활발한 토의식 성경공부를 진행할 수 있도록 구성된 편리하고 유용한 교재입니다.

7. 성품 G.B.S. 시리즈

이 교재는 성도들이 소그룹에서 끈기 있게 예수님의 성품을 배우도록 편찬되었습니다. 이 시리즈는 감사, 경건 등 성품이란 주제에 대하여 성경 본문을 집중적으로 연구하여 적용하도록 돕는 성품 변화에 통합된 자료입니다.

8. 기타

그 외에 수련회용, 주말 성경학교용, 청소년용, 제자훈련용 등 많은 교재가 준비되어 있습니다.

II. 인도자를 위한 안내

1. 시작 시간을 정확히 지키십시오.
2. 성령님께서 말씀의 비밀을 깨우쳐 주시도록 함께 기도하십시오.
3. 성경공부에 들어가기 전, 지난 주에 깨달은 말씀을 함께 나누면서 마음을 여는 시간을 가지십시오.

4. 인도자는 「도입 질문」을 던지면서 참여자들의 활발한 토론을 유도해 나가십시오. 질문을 할 때에는 교재에 주어진 문제에만 국한하지 말고 다른 보충질문들을 준비하여 이끌어 가십시오.
5. 각 문제마다 적절한 시간을 안배하여 중점적으로 다룰 문제는 충분히 토의하고 지엽적인 문제는 간단히 진행하십시오.
6. 각 과를 인도한 후, 다음의 평가항목을 통해 스스로 자기 점검을 하십시오.
7. 인도자로서 좀 더 깊이 성경을 배우고자 하는 분들은 프리셉트 성경연구 과정에 참여하셔서 도움을 받으시기 바랍니다.
(문의: 02-588-2218)

III. 평가항목

1. 보조 질문은 좋았는가?
  명확하고 간략했는가?
  본문에 충실했는가?
  본질적인 문제에 접근했는가?
  깊은 통찰과 적절한 적용을 이끌어 냈는가?
2. 참여자의 발표를 잘 유도하고 격려했는가?
3. 말을 너무 많이 하거나 적게 하지는 않았는가?
4. 준비를 충분히 하였는가?
5. 본문에서 벗어난 방향으로 토의가 진행되지는 않았는가?
6. 시간은 잘 지켰는가?

Ⅳ. 본 교재에 대하여

"어떻게 하면 하나님의 마음에 합한 예배를 드릴 수 있을까?" 하는 생각은 현대를 살아가는 많은 그리스도인들의 고민일 것입니다. 이러한 고민 속에서 한국 교회의 헌신된 목회자들이 지혜를 모아 그 결과로 본서가 나오게 되었습니다. 가치관이 전도된 현실 속에서 한국 교회의 성도들이 하나님의 백성으로서 정체성을 회복하고 거룩한 공동체를 세워 가는 하나님의 마음에 흡족한 성도들이 되길 소망합니다.

본서는 총 12과로 구성되었으며, 소그룹(구역, 셀, 제자양육, 각 교육기관)에서 활용할 수 있도록 구성하였습니다. 다루고 있는 주제는 교회와 사회에서 필요한 그리스도인들의 생활과 영성을 중심으로 하여 그리스도인들에게 꼭 필요한 주제들로 다루었습니다.

프리셉트성경연구원
원장 김경섭

차 례

시리즈 16 하나님 마음에 합한 예배

1과	예배란?	14
2과	예배의 대상	22
3과	하나님이 찾으시는 예배자	31
4과	찬양과 경배	40
5과	기도와 간구	48
6과	말씀의 선포	57
7과	헌신의 결단	66
8과	정성의 예물	74
9과	성례전	82
10과	다양한 예배	90
11과	가정 예배	99
12과	예배 공동체	108

시리즈 1 하나님 마음에 합한 생활

- 1과　신령과 진정으로 드리는 예배
- 2과　하나님의 책 성경
- 3과　주님께서 가르치신 기도
- 4과　하나님께 드리는 진실한 찬양
- 5과　말씀 묵상과 적용의 생활화
- 6과　성도의 교제
- 7과　성경적인 재물관과 헌금
- 8과　발을 씻기는 섬김
- 9과　하나님의 마음을 전하는 전도
- 10과　세계를 품은 그리스도인
- 11과　세례와 성만찬
- 12과　건강한 주일성수

시리즈 2 하나님 마음에 합한 교회

Ⅰ부　교회란 무엇인가?
- 1과　교회의 본질
- 2과　교회의 명칭 및 정의
- 3과　교회의 속성
- 4과　교회의 표식

Ⅱ부　교회의 사명
- 5과　모이는 교회
- 6과　가르치는 교회
- 7과　역동하는 교회
- 8과　흩어지는 교회

Ⅲ부　교회의 바람직한 모델 – 초대교회를 중심으로
- 9과　부흥하는 교회 – 예루살렘의 처음교회
- 10과　전도하는 교회 – 안디옥 교회
- 11과　믿는 자의 본이 되는 교회 – 데살로니가 교회
- 12과　칭찬듣는 교회 – 서머나 교회와 빌라델비아 교회

시리즈 3 하나님 마음에 합한 사람

- 1과　믿음있는 사람 – 아브라함
- 2과　생각하는 사람 – 예수님
- 3과　비전을 품은 사람 – 여호수아
- 4과　고난을 함께하는 사람 – 룻
- 5과　감동을 주는 사람 – 다윗
- 6과　삶의 지경을 넓힌 사람 – 사도 바울
- 7과　사랑을 고백한 사람 – 베드로
- 8과　정직한 사람 – 요셉
- 9과　우선순위를 아는 사람 – 솔로몬
- 10과　중심이 변화된 사람 – 야곱
- 11과　훈련받은 사람 – 모세
- 12과　자신을 아는 사람 – 세례 요한

시리즈 4 하나님 마음에 합한 사역

Ⅰ부　가정 사역
- 1과　그리스도인의 가정
- 2과　그리스도인의 결혼
- 3과　그리스도인의 건강
- 4과　그리스도인의 경제
- 5과　그리스도인의 문화
- 6과　그리스도인의 여가

Ⅱ부　사회생활
- 7과　그리스도인의 대인관계
- 8과　그리스도인의 언어
- 9과　그리스도인의 직장
- 10과　그리스도인의 구제
- 11과　그리스도인의 환경
- 12과　그리스도인의 인격

시리즈 5 하나님 마음에 합한 약속

- 개요　법을 주신 하나님
- 1과　제1계명 다른 신들을 네게 있게 말지니라
- 2과　제2계명 우상을 만들거나 섬기지 말라
- 3과　제3계명 여호와의 이름을 망령되이 일컫지 말라
- 4과　제4계명 안식일을 거룩하게 지키라
- 5과　제5계명 부모를 공경하라
- 6과　제6계명 살인하지 말라
- 7과　제7계명 간음하지 말라
- 8과　제8계명 도적질하지 말라
- 9과　제9계명 거짓 증거하지 말라
- 10과　제10계명 이웃의 것을 탐내지 말라
- 결론　행함이 있는 믿음
- 인도자 지침

시리즈 6 하나님 마음에 합한 열매

- 1과　열매가 있습니까?
- 2과　열매 맺는 힘
- 3과　사랑1
- 4과　사랑2
- 5과　희락
- 6과　화평
- 7과　오래 참음
- 8과　자비
- 9과　양선
- 10과　충신
- 11과　온유
- 12과　절제
- 인도자 지침

시리즈 8 하나님 마음에 합한 기도

- 1과   이렇게 기도하라
- 2과   하늘에 계신(기도의 대상 Ⅰ)
- 3과   우리 아버지여(기도의 대상 Ⅱ)
- 4과   이름이 거룩히 여김을 받으시오며
- 5과   나라이 임하옵시며
- 6과   뜻이 하늘에서 이룬 것같이 땅에서도 이루어지이다
- 7과   오늘날 우리에게 일용할 양식을 주옵시고
- 8과   우리가 우리에게 죄 지은 자를 사하여 준 것같이
- 9과   우리 죄를 사하여 주옵시고
- 10과 우리를 시험에 들게 하지 마옵시고 다만 악에서 구하옵소서
- 11과 나라와 권세와 영광이 아버지께 영원히 있사옵나이다
- 12과 대개와 아멘

시리즈 9 하나님 마음에 합한 여인

Ⅰ부 구약의 여인들

- 1과   리브가 – 믿음의 대를 이어간 여인
- 2과   라합 – 하나님이 예비한 여인
- 3과   드보라 – 하나님의 여장부
- 4과   한나 – 하나님과의 약속을 지킨 여인
- 5과   아비가일 – 지혜로 범죄를 막은 여인
- 6과   에스더 – 민족을 사랑한 왕후

Ⅱ부 신약의 여인들

- 7과   마리아 – 순종과 순명의 여인
- 8과   사마리아 여인 – 이방에 처음으로 복음을 전한 여인
- 9과   막달라 마리아 – 예수님께 헌신한 여인
- 10과 세베대 아들들의 어머니 – 삶의 초점이 바뀐 여인
- 11과 브리스길라 – 바울의 동역자가 되었던 여인
- 12과 로이스와 유니게 – 신앙을 물려준 어머니

시리즈 11 하나님 마음에 합한 소원

- 1과   아브라함의 소원
- 2과   이삭의 소원
- 3과   삼손의 소원
- 4과   한나의 소원
- 5과   다윗의 소원
- 6과   솔로몬의 소원
- 7과   엘리야의 소원
- 8과   야베스의 소원
- 9과   히스기야의 소원
- 10과 다니엘의 소원
- 11과 요나의 소원
- 12과 바울의 소원

시리즈 12 하나님 마음에 합한 재정

- 1과   돈이란?
- 2과   신앙과 재물
- 3과   깨끗한 수입
- 4과   검소한 생활
- 5과   재물과 인간관계
- 6과   구제와 나눔
- 7과   미래를 준비하는 삶
- 8과   바른 헌금
- 9과   십일조
- 10과 예배와 절기 헌금
- 11과 특별 헌금
- 12과 떳떳한 가난, 깨끗한 부자

시리즈 13 하나님 마음에 합한 성령 사역

1과 성령은 누구신가?
2과 성령을 받아야 하는가?
3과 성령의 구원 사역
4과 보혜사 성령
5과 세상을 향한 성령의 역사
6과 성령의 은사
7과 은사의 활용과 계발
8과 성령의 열매
9과 성령이 내주하는 삶
10과 성령의 대적
11과 성령의 사람들
12과 성령과 교회

시리즈 14 하나님 마음에 합한 중보기도

1과 중보기도란?
2과 중보기도자
3과 중보기도 훈련
4과 중보기도 그룹
5과 교회를 위한 중보기도
6과 목회자를 위한 중보기도
7과 선교사와 선교지를 위한 중보기도
8과 이웃을 위한 중보기도
9과 나라와 민족을 위한 중보기도
10과 가정을 위한 중보기도
11과 중보기도의 사람들
12과 중보기도의 삶

시리즈 15 하나님 마음에 합한 전도

- 1과　전도란?
- 2과　사명으로서의 전도
- 3과　전도자의 훈련
- 4과　무엇을 전할까?
- 5과　개인 전도
- 6과　문턱을 낮추는 전도
- 7과　그룹 전도
- 8과　다양한 전도 방법
- 9과　전도, 그 이후
- 10과　전도와 중보기도
- 11과　전도의 장애물
- 12과　전도와 성령

1

예배란 ?

찬송: 53장
본문: 시편 95:1-7
요절: 시편 95:2

¹오라 우리가 여호와께 노래하며 우리 구원의 반석을 향하여 즐거이 부르자 **²우리가 감사함으로 그 앞에 나아가며 시로 그를 향하여 즐거이 부르자** ³대저 여호와는 크신 하나님이시요 모든 신 위에 크신 왕이시로다 ⁴땅의 깊은 곳이 그 위에 있으며 산들의 높은 것도 그의 것이로다 ⁵바다가 그의 것이라 그가 만드셨고 육지도 그의 손이 지으셨도다 ⁶오라 우리가 굽혀 경배하며 우리를 지으신 여호와 앞에 무릎을 꿇자 ⁷대저 저는 우리 하나님이시요 우리는 그의 기르시는 백성이며 그 손의 양이라 너희가 오늘날 그 음성 듣기를 원하노라

도입글

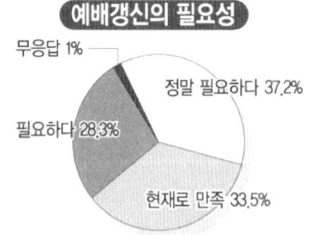

예배갱신의 필요성
- 무응답 1%
- 정말 필요하다 37.2%
- 필요하다 28.3%
- 현재로 만족 33.5%

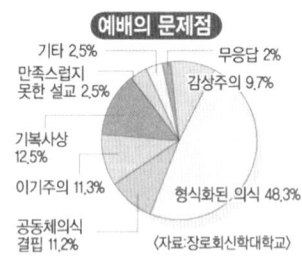

예배의 문제점
- 기타 2.5%
- 만족스럽지 못한 설교 2.5%
- 기복사상 12.5%
- 이기주의 11.3%
- 공동체의식 결핍 11.2%
- 무응답 2%
- 감상주의 9.7%
- 형식화된 의식 48.3%

(자료:장로회신학대학교)

14 하나님 마음에 합한 예배

최근에 행해진 한 여론 조사의 결과입니다. 예배의 갱신이 필요하다고 응답한 사람이 전체의 65%였습니다. 또한 예배의 가장 큰 문제점은 형식화된 의식이라고 48.3%가 답했습니다. 이번 과를 통해서 우리가 드리는 예배의 모습을 되돌아보고, 예배의 참뜻을 생각하는 시간이 되기를 바랍니다.

여는 질문

1. 가장 기억에 남는 예배가 있습니까? 자신의 경험을 나누어 보십시오. 그 예배가 가장 인상 깊었던 이유는 무엇입니까?

___

본문속으로

1. 예배를 받으시는 분은 누구입니까? (1, 2, 6절)

___

"너는 나 외에는 다른 신들을 네게 있게 말지니라 너를 위하여 새긴 우상을 만들지 말고 또 위로 하늘에 있는 것이나 아래로 땅에 있는 것이나 땅 아래 물 속에 있는 것의 아무 형상이든지 만들지 말며 그것들에게 절하지 말며 그것들을 섬기지 말라 나 여호와 너의 하나님은 질투하는 하나님인즉 나를 미워하는 자의 죄를 갚되 아비로부터 아들에게로 삼 사대까지 이르게 하거니와 나를 사랑하고 내 계명을 지키는 자에게는 천대까지 은혜를 베푸느니라" (출 20:3-6).

2. 예배를 드리는 사람들의 자세는 어떠해야 합니까? (1, 2, 6절)

_____

_____

"하나님은 영이시니 예배하는 자가 신령과 진정으로 예배할지니라"(요 4:24).

3. 예배를 드리는 이유는 무엇입니까? (3, 4, 5, 7절)

_____

_____

"아론의 누이 선지자 미리암이 손에 소고를 잡으매 모든 여인도 그를 따라 나오며 소고를 잡고 춤추니 미리암이 그들에게 화답하여 가로되 너희는 여호와를 찬송하라 그는 높고 영화로우심이요 말과 그 탄 자를 바다에 던지셨음이로다 하였더라"(출 15:20-21).

해설을 위한 도움말

원어 해설 - 예배

(προσκυνέω, 프로스퀴네오) '프로스'(~에게)와 '퀴네오'(입맞추다)의 합성어. 원래는 종이 주인에게 문안할 때 존경의 표시로 발에 입맞추는 것을 가리켰다. 결국 예배는 반드시 하나님을 향한 지극한 존경과 경외심이 수반되어야 함을 보여준다.

 배우기

1. 예배를 받으시는 분은 하나님이십니다. 하나님은 이스라엘 백성들에게 주신 십계명에서 예배를 받는 분은 하나님 한 분뿐이심을 분명하게 말씀하셨습니다. 이 외의 신에게 예배하는 것은 우상 숭배이며, 이는 하나님께서 엄격하게 금하셨습니다.

   시편 95편의 본문도 여호와 하나님만이 예배의 대상임을 말해주고 있습니다.

2. 예배하는 자들은 즐겁게 노래하며(1절), 감사함으로 그 앞에 나아가며, 시로 즐겁게 부르며(2절), 굽혀 경배하며, 무릎을 꿇고(6절) 예배해야 합니다. 이는 우리의 몸과 마음이 온전히 주님 앞에서 겸손해야 한다는 것을 뜻합니다. 또한 전심으로 기뻐하며 감사하는 것이야말로 예배하는 사람의 바른 마음가짐입니다.

   예수님께서는 예배하는 자들은 신령과 진정으로 예배하라고 말씀하셨습니다. 이는 예배자의 바른 태도에 대한 가르침입니다. 즉 하나님과의 영적인 만남이 이루어지는 예배, 진실한 마음으로 주님 앞에 서는 예배야말로 하나님을 기쁘시게 하는 예배가 됩니다.

3. 하나님은 크고 거룩하신 분이며, 세상의 모든 것을 소유하신 분이십니다. 그러므로 우리는 하나님의 크고 높으심을, 영화롭고 거룩하심을 찬양하며 예배드려야 합니다. 또한 하나님은 우리들에게 은혜를 베푸시는 분입니다. 우리를 목자처럼 기르시며 우리의 예배를 받기 원하십니다. 그러므로 우리는 하나

님의 은혜를 기억하며 감사하는 마음으로 예배드려야 합니다. 감사와 찬양은 예배의 가장 중요한 요소입니다.

"우리 하나님이여 이제 우리가 주께 감사하오며 주의 영화로운 이름을 찬양하나이다"(대상 29:13).

하나님 앞에 서서 하나님의 은혜와 능력을 목격한 이들은 하나님께 감사하며 찬양했습니다. 하나님을 경험한 사람이 하나님 앞에서 드리는 감사와 찬양, 이것이 예배의 본질입니다. 미리암과 이스라엘 백성들이 홍해를 건넌 후에 하나님의 위대한 능력을 감사하며 찬양했던 것이 좋은 예가 됩니다.

다음은 바른 예배에 꼭 포함되어야 할 요소들입니다.

1. 찬양과 경배 (시 150)
2. 기도와 간구 (마 6:9-13)
3. 말씀의 선포 (렘 7:1-7)
4. 헌신의 결단 (롬 12:1-2)
5. 정성의 예물 (창 14:14-24)

생각해 보는 이야기

예배란…

예배란, 하나님의 거룩함으로 양심을 환기시키고 하나님의 진리로 마음을 채우며, 하나님의 아름다움으로 가슴을

장식하고, 하나님의 목적으로 인간 의지를 다듬는 것이다. /탬플

예배란, 하나님께서 우리에게 주신 것 중에 제일 좋은 것을 다시 드리는 것이다. /오스왈드 챔버스

우리는 완전하지 않아도 하나님을 참되게 경배할 수 있다. 그러나 신령과 진정으로 경배하지 않으면 그 경배는 헛되다. /스테판 차녹

하나님은 악인의 화려한 꽃다발보다 가난한 마음의 꽃송이를 더 좋아하신다. /볼테르

적용 질문

1. 당신은 예배를 드리기 전과 후의 변화를 경험하고 있습니까?

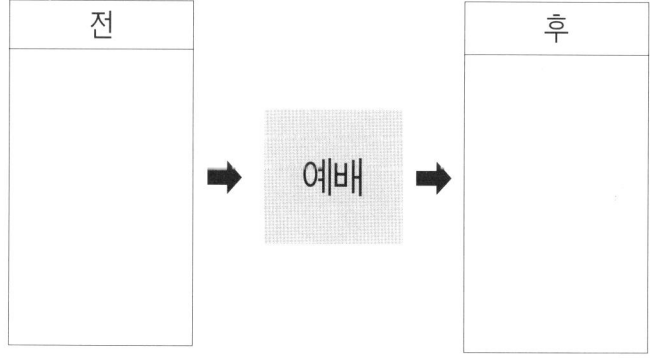

2. 당신이 드리는 예배는 예배의 다섯 요소를 모두 포함하고 있습니까? 또 당신은 그 요소들이 적절하게 균형을 이룬 예배를 드리고 있습니까?

인간은 시간과 장소의 제약을 받습니다. 능력과 지식에도 한계가 있습니다. 인간들은 하나님의 임재를 경험할 때 놀라고 감격하게 됩니다. 그 놀라움과 감격의 반응, 이것이 예배의 본질입니다.

지면을 모두 홍수로 쓸어버렸지만, 노아와 그의 가족들은 하나님의 은혜를 입었습니다. 홍수가 끝났을 때, 노아가 가장 먼저 한 일은 하나님의 은혜에 감사하며 제단을 쌓는 것이었습니다. 야곱은 벧엘에서 단을 쌓으며 하나님의 은혜를 기억했고, 다윗은 그의 평생에 주의 전을 사모하며 예배했습니다. 이스라엘 백성들은 광야에서 성막을 통해 하나님을 예배했습니다.

예수님이 승천하신 후 초대교회에서는 성령의 도우심과 역사 속에 하나님을 예배했습니다. 그들의 예배는 성령을 체험하고, 삶이 변화되며, 하나님의 능력이 나타나는 생명력 넘치는 예배였습니다. 그래서 초대교회의 예배는 곧 선교였고, 교회를 성장시키는 가장 중요한 이유가 되었습니다.

하나님은 당신의 모든 것을 요구하십니다. 당신은 예배를 통해서 당신의 몸과 마음, 시간과 정성, 능력과 재능, 이 모든 것들을 하나님 앞에 드려야 합니다. 바른 예배는 특정한 시간과 장소에 의해 제한받지 않습니다. 당신이 삶 속에서 하나님을 경험하고, 그래서 놀라움과 감격을 느낄 때, 그런 마음으로 드리는 예배가 진정한 예배입니다.

이제 당신의 삶이 곧 예배가 되게 하십시오. 하나님의 은혜와 능력을 경험한 당신이 감사와 찬양으로 하나님 앞에 나아갈 때, 당신은 바른 예배자가 되며, 하나님은 그런 당신을 기뻐하십니다. 예배의 성공자가 되면 당신은 하나님의 마음에 합한 사람입니다. 날마다 하나님을 경험하고 하나님의 은혜와 능력을 감사하십시오. 매일의 삶 속에서 하나님을 찬양하고 예배하는 인생이 되기를 바랍니다.

예배의 대상

찬 송 : 30장
본 문 : 역대상 29:10-17
요 절 : 역대상 29:11

¹⁰다윗이 온 회중 앞에서 여호와를 송축하여 가로되 우리 조상 이스라엘의 하나님 여호와여 주는 영원히 송축을 받으시옵소서 **¹¹여호와여 광대하심과 권능과 영광과 이김과 위엄이 다 주께 속하였사오니 천지에 있는 것이 다 주의 것이로소이다 여호와여 주권도 주께 속하였사오니 주는 높으사 만유의 머리심이니이다** ¹²부와 귀가 주께로 말미암고 또 주는 만유의 주재가 되사 손에 권세와 능력이 있사오니 모든 자를 크게 하심과 강하게 하심이 주의 손에 있나이다 ¹³우리 하나님이여 이제 우리가 주께 감사하오며 주의 영화로운 이름을 찬양하나이다 ¹⁴나와 나의 백성이 무엇이관대 이처럼 즐거운 마음으로 드릴 힘이 있었나이까 모든 것이 주께로 말미암았사오니 우리가 주의 손에서 받은 것으로 주께 드렸을 뿐이니이다 ¹⁵주 앞에서는 우리가 우리 열조와 다름이 없이 나그네와 우거한 자라 세상에 있는 날이 그림자 같아서 머무름이 없나이다 ¹⁶우리 하나님 여호와여 우리가 주의 거룩한 이름을 위하여 전을 건축하려고 미리 저축한 이 모든 물건이 다 주의 손에서 왔사오니 다 주의 것이니이다 ¹⁷나의 하나님이여 주께서 마음을 감찰하시고 정직을 기뻐하시는 줄 내가 아나이다 내가 정직한 마음으로 이 모든 것을 즐거이 드렸사오며 이제 내가 또 여기 있는 주의 백성이 주께 즐거이 드리는 것

을 보오니 심히 기쁘도소이다

도입글

한국 갤럽의 '종교를 믿지 않으면 선한 사람도 극락이나 천국에 갈 수 없다' 라는 물음에 대해 응답자의 71.5%가 '아니다' (갈 수 있다)라고 대답했다. 반면 '그렇다' (갈 수 없다)의 응답은 18.5%에 그쳤다. 또 '극락이나 천국은 저 세상에 있는 것이 아니라 이 세상에 있다' 는 항목에는 '그렇다' 라는 대답이 63.4%, '아니다' 라는 답변이 23.9%인 것으로 국민의 현세 중심적 사고가 큰 것으로 조사되었다.

이 도표에서 보는 것처럼 종교인구는 나날이 늘어가고 있습니다. 그러나 종교는 그 고유성을 상실하고 점점 세속적인 가치관의 지배를 받고 있다는 것을 알 수 있습니다. 이러한 현상은 대부분의 종교에서 보여지는 현상이기도 하지만 기독교의 문제점이기도 합니다. 교회에서, 그리고 예배에서 하나님의 이름이 점차 사라지고 있지는 않습니까? 이번 과를 통해서 예배의 대상이신 하나님을 새롭게 만날 수 있기를 바랍니다.

■ 여는 질문

1. 당신은 예배 시간에 얼마나 하나님께 집중하고 있습니까? 당신의 집중을 방해하는 것이 있다면 무엇입니까?

   _____
   _____

2. 당신은 우상을 섬긴 경험이 있습니까? 있다면 함께 그 경험을 나누어 보십시오. 우상을 섬긴 이유는 무엇이었습니까? 어떻게 우상숭배에서 돌이킬 수 있었습니까?

   _____
   _____

■ 본문속으로

1. 본문은 다윗이 예배의 대상이신 하나님을 송축하고 있는 내용입니다. 본문은 하나님을 어떻게 묘사하고 있습니까?

   1) 하나님은 권세와 능력으로 어떤 일을 행하십니까? (12절)

   _____
   _____

   2) 하나님의 소유는 무엇입니까?(11, 12절)

   _____
   _____

   3) 하나님께 우리가 해야 할 일은 무엇입니까? (13절)

_____

4) 다윗과 그의 백성이 하나님께 드린 것은 무엇이며, 그것들은 누구로부터 말미암은 것입니까? (14절)

_____

5) 다윗이 기뻐하는 이유는 무엇입니까? (17절)

_____

2. 다음은 십계명의 제 1, 2항입니다. 1항과 2항에서 각각 금하고 있는 것들은 무엇입니까?

_____

"너는 나 외에는 다른 신들을 네게 있게 말지니라"(출 20:3).

"너를 위하여 새긴 우상을 만들지 말고 또 위로 하늘에 있는 것이나 아래로 땅에 있는 것이나 땅 아래 물 속에 있는 것의 아무 형상이든지 만들지 말며 그것들에게 절하지 말며 그것들을 섬기지 말라 나 여호와 너의 하나님은 질투하는 하나님인즉 나를 미워하는 자의 죄를 갚되 아비로부터 아들에게로 삼 사대까지 이르게 하거니와 나를 사랑하고 내 계명을 지키는 자에게는 천대까지 은혜를 베푸느니라"(출 20:4-6).

2과 예배의 대상

해설을 위한 도움말

원어 해설

여호와 – (ηωηψ, 예호와) 하나님의 자존(自存)과 절대 유일성을 강조하는 거룩한 신명(神名). 특히 그분의 구속, 언약, 인자하심과 연관된 이름.

송축 – (κρB, 바라크) 기본 의미는 '무릎을 꿇다' (엎드리다). 특히 하나님께 대하여는 '찬양하다, 칭송하다' 는 뜻.

배우기

1. 예배의 대상은 하나님이십니다. 본문은 예배를 받으실 유일한 분인 하나님을 송축하며 그분께 예배해야 할 이유들을 말해주고 있습니다.

   1) 온 우주에 펼쳐지는 광대하심, 모든 것을 다스리시는 권능, 만물 위에 높이 들려지는 영광, 세상의 힘을 깨뜨리는 승리(이김), 세상을 꿇어 엎드리게 만드는 위엄, 이 모든 것이 하나님께 속해 있습니다. 그래서 하나님은 만유의 주로써 예배를 받으시기에 합당하신 분입니다.

   2) 하나님은 권세와 능력으로 모든 사람을 다스리십니다. 사람의 크고 작음, 강하고 약함은 모두 하나님의 권세와 능력 아래 있습니다. 그러므로 예배는 인간이 하나님께 드려야 할 마땅한 의무입니다.

3) 부유함과 귀함, 천지에 있는 모든 것은 다 하나님의 소유입니다. 우리가 누리는 모든 것은 하나님의 것이며, 그래서 우리에게 필요한 것들을 허락해 주시는 하나님을 찬양해야 합니다.

4) 하나님은 하나님께서 우리에게 베푸신 은혜에 대해 감사할 때 기뻐하십니다. 또한 하나님은 하나님의 영화로우신 이름을 찬양할 때 기뻐하십니다. 예배에 있어서 가장 중요한 것은 감사와 찬양입니다.

5) 우리가 누리는 모든 것은 하나님께로부터 받은 것입니다. 하나님께 받은 것을 기쁜 마음으로 하나님께 돌려드리는 것이야말로 예배자의 바른 마음가짐입니다.

6) 다윗은 자기 자신과 백성들이 기쁜 마음으로 주님께 예물을 드리며 예배하는 것을 기뻐하고 있습니다. 그래서 다윗은 그의 시편에서 이렇게 고백했습니다.

"내가 여호와를 항상 송축함이여 그를 송축함이 내 입에 계속하리로다 내 영혼이 여호와로 자랑하리니 곤고한 자가 이를 듣고 기뻐하리로다" (시 34:1-2).

2. 하나님께서 가장 싫어하시는 것은 우상 숭배입니다. 십계명의 제 1, 2계명에서 우상 숭배를 금하고 있다는 사실이 이를 잘 보여줍니다. 하나님께서는 어떠한 우상이라도 만들지도, 절하지

도, 또 섬기지도 말라고 말씀하셨습니다. 여기서 우리가 염두에 두어야 할 것은, 꼭 형상을 하고 있어야만 우상이 되는 것은 아니라는 점입니다. 특히 현대 사회에서 이념이나 물질에 대해 지나치게 가치를 두는 것은 또 다른 형태의 우상 숭배입니다. 우리는 하나님을 대신하려는 어떠한 우상이라도 마땅히 경계해야 합니다.

적용 질문

1. 하나님의 관점에서 당신이 드리는 예배를 평가해 보십시오. 만약 하나님께서 당신의 예배에 점수를 매기신다면 몇 점을 받을 수 있다고 생각합니까?

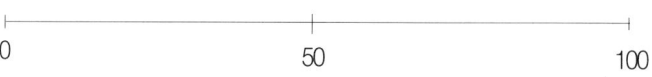

0   50   100

2. 하나님께 집중하는 예배를 위해 당신이 노력해야 할 것들은 무엇입니까?

1. _____

2. _____

3. _____

> **생각해 보는 이야기**

신사 참배

한상동 목사가 신사 참배를 반대하다가 경찰서에 불려가 조사를 받게 되었다. 서장이 한 목사에게 종이와 펜을 내놓으며 신사 참배에 반대하는 이유를 적게 하였다. 한 목사는 담대히 반대 이유를 적어 내려가기 시작했다.

첫째, 계명을 어기게 되니 하나님이 노하시므로 할 수 없다.
둘째, 인생의 본분이 하나님을 영화롭게 하는 일인데 그렇게 못하니 할 수 없다.
셋째, 결국 교회가 없어지게 될 것이니 할 수 없다.
넷째, 강요하는 개인도 망하니 남의 망하는 꼴을 볼 수 없으므로 할 수 없다.
다섯째, 신사 참배하면 국가도 망할 것이므로 할 수 없다.
여섯째, 나 자신이 지옥 갈까 두렵기 때문에 할 수 없다.

메시지

당신은 당신이 드리는 모든 예배를 통해 하나님을 만나고 있습니까? 당신이 드리는 예배는 의식입니까, 아니면 사건입니까? 만약 예배를 통해 하나님을 만나는 사건이 일어나지 않는다면 그 예배는 참된 예배가 아닙니다. 하나님을 배제한 예배는 헛된 예배요, 공허한 의식일 뿐입니다. 당신의 예배는 온전히 하나님을 향해 있습니까?

하나님께 온전히 집중하십시오. 하나님께서 당신의 삶에 베푸신 은혜를 기억하십시오. 그리고 하나님의 영광을 높이십시오. 당신의 삶을 크고 강하게 하시는 하나님의 권세와 능력에 감탄하십시오. 모든 허물을 사하시는 자비하심에 감격하십시오. 하나님의 손으로 행하신 모든 일들을 묵상하십시오. 천지의 모든 것을 소유하신 하나님의 풍성하심을 놀라워하십시오. 이렇게 하나님을 온전히 예배의 주인으로 모실 때 당신의 예배는 하나님을 기쁘시게 하는 예배가 됩니다.

또한 당신은 하나님을 대신하려는 모든 우상을 깨뜨려 버리십시오. 하나님보다 더 높이고 사랑하는 것들이 있다면 그것이 바로 우상입니다. 비록 엎드려 절하지 않는다고 하더라도, 당신이 그것에 시간과 마음을 기울이며 가장 높은 가치를 두고 있다면, 그것이 곧 우상 숭배입니다.

당신의 삶과 예배 속에서 하나님의 이름을 회복하십시오. 예배와 당신의 삶 가운데 하나님을 만나는 역사가 이어지기를 바랍니다.

하나님이 찾으시는 예배자

찬 송: 57장
본 문: 요한복음 4:19-26
요 절: 요한복음 4:23

¹⁹여자가 가로되 주여 내가 보니 선지자로소이다 ²⁰우리 조상들은 이 산에서 예배하였는데 당신들의 말은 예배할 곳이 예루살렘에 있다 하더이다 ²¹예수께서 가라사대 여자여 내 말을 믿으라 이 산에서도 말고 예루살렘에서도 말고 너희가 아버지께 예배할 때가 이르리라 ²²너희는 알지 못하는 것을 예배하고 우리는 아는 것을 예배하노니 이는 구원이 유대인에게서 남이니라 ²³**아버지께 참으로 예배하는 자들은 신령과 진정으로 예배할 때가 오나니 곧 이때라 아버지께서는 이렇게 자기에게 예배하는 자들을 찾으시느니라** ²⁴하나님은 영이시니 예배하는 자가 신령과 진정으로 예배할지니라 ²⁵여자가 가로되 메시야 곧 그리스도라 하는 이가 오실 줄 내가 아노니 그가 오시면 모든 것을 우리에게 고하시리이다 ²⁶예수께서 이르시되 네게 말하는 내가 그로라 하시니라

■ 도입글

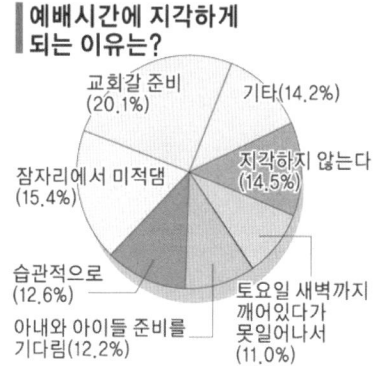

이 설문 조사는 교회에서 예배가 얼마나 준비되지 않은 채 드려지고 있는가를 적나라하게 보여줍니다. 늦잠과 잘못된 습관으로 인해, 다른 사람들로 인해, 바쁜 일상으로 인해 예배는 삶의 뒷전으로 밀려나고 있습니다. 이는 참된 예배자의 자세가 아닙니다. 정성 어린 준비는 예배를 위한 최소한의 조건입니다. 이번 과를 통해서 하나님이 찾으시는 예배자의 올바른 모습을 회복하게 되기를 바랍니다.

■ 여는 질문

1. 당신은 예배를 드리기 전에 무엇을, 어떻게 준비합니까?

___

___

■ 본문속으로

1. 사마리아 여인이 예배에 대해 갖고 있었던 편견은 무엇이었습니까? (20절)

___

___

2. 사마리아 여인의 질문에 예수님은 어떻게 대답하셨습니까? (23, 24절)

_____
_____

3. 다음의 구절들을 통해서 거짓된 예배는 무엇인지, 그리고 하나님이 예배를 받지 않으신 이유는 무엇 때문이었는지 말해 보십시오.

_____
_____

1) "아론의 아들 나답과 아비후가 각기 향로를 가져다가 여호와의 명하시지 않은 다른 불을 담아 여호와 앞에 분향하였더니 불이 여호와 앞에서 나와 그들을 삼키매 그들이 여호와 앞에서 죽은지라"

2) "사무엘이 사울에게 이르되 왕이 망령되이 행하였도다 왕이 왕의 하나님 여호와께서 왕에게 명하신 명령을 지키지 아니하였도다 그리하였더면 여호와께서 이스라엘 위에 왕의 나라를 영영히 세우셨을 것이어늘"

해설을 위한 도움말

원어 해설 – 신령

(πνεῦμα, 프뉴마) 바람, 호흡, 생명, 영, 성령, 생기
프뉴마는 생명의 원리로서 프쉬케와 매우 유사한 의미를 가진다.

> 프뉴마는 생명을 지니고 있을 때는 몸 안에 제약되어 있고, 마지막 숨과 더불어 몸을 떠나 천상의 영역으로 돌아간다.
> 예언과 예언적인 시에서 프뉴마는 자극을 주고 열심을 내게 하며, 영감을 주는 영이다

배우기

1. 사마리아인들은 당시 유대인들에 의해 차별받던 사람들이었습니다. 사마리아인들은 그리심 산에서, 유대인들은 예루살렘에서 예배를 드렸는데, 그들은 예배하는 장소에 있어서도 차별을 받았던 것으로 짐작됩니다. 그래서 사마리아 여인은 예수님께 올바른 예배의 장소를 물었습니다. 사마리아 여인에게 있어서 예배는 인종적, 계층적인 조건들에 의해 제한되고 구분되는 의식이었던 것입니다.

2. 사마리아 여인의 질문에 예수님은 전혀 다른 대답을 들려주셨습니다. 즉 예배는 이런저런 조건에 의해 제한을 받는 의식이 아니라, 신령과 진정으로 드려져야 한다는 것을 강조하셨습니다.

신령으로 드리라는 말씀은 예배가 영적인 사건이라는 것을 뜻합니다. 24절에서도 하나님은 영이시라고 분명하게 언급하고 있습니다.

"그러므로 내가 너희에게 알게 하노니 하나님의 영으로 말하는

자는 누구든지 예수를 저주할 자라 하지 않고 또 성령으로 아니하고는 누구든지 예수를 주시라 할 수 없느니라"(고전 12:3).

진정으로 드리라는 말씀은 예배자의 태도가 진실해야 한다는 뜻입니다. 거짓과 위선은 하나님께서 싫어하시는 태도입니다. 그러므로 하나님 앞에 드려지는 예배는 무엇보다 진실해야 합니다.
"여호와의 말씀은 정직하며 그 행사는 다 진실하시도다"(시 33:4).

3. 구약 시대의 제사는 매우 엄격한 방법과 절차를 통해 드려졌습니다. 그러나 간혹 제사에 대한 법을 어기는 일이 있었고, 하나님께서는 그런 제사를 받지 않으셨습니다. 인간들의 편의에 따라 드려지는 예배는 하나님을 기쁘시게 할 수 없습니다.

예수님께서는 한 발 더 나아가 예배의 절차보다 더 중요한 것은 예배의 정신과 마음임을 강조하셨습니다.

"이 백성이 입술로는 나를 존경하되 마음은 내게서 멀도다 사람의 계명으로 교훈을 삼아 가르치니 나를 헛되이 경배하는도다 하였느니라 하시고"(마 15:8-9).

당신은 예배를 위해 어떤 준비를 하고 있습니까? 다음의 항목을 보며 당신이 예배를 위해 준비해야 할 것들을 점검해 보십시오.

1) 예배를 위한 준비기도
2) 설교자를 위한 중보기도
3) 예배 봉사자들(대표기도자, 성가대, 헌금위원, 안내위원, 방송실 등)을 위한 기도
4) 헌금 준비
5) 주보를 보며 한 주간의 예배순서와 교회소식 확인
6) 내가 돌보아야 할 교우들의 출석 확인

적용 질문

1. 당신의 몸은 하나님이 거하시는 성전입니다. 하나님의 마음에 합한 예배를 드리기 위해 당신은 성전된 당신의 몸을 어떻게 준비하겠습니까?

나의 준비:

2. 지금 당신의 교회에서 드리는 예배에서 개선하거나 더 노력해야 할 부분들이 있다면 함께 나누어 보십시오.

_____

_____

생각해 보는 이야기

우리의 삶은 하나님께 드리는 예배입니다

자동차 검사를 받기 위해서 정비소에 갔다. 정비소 앞에는 차량 행렬이 길게 늘어서 있었다. 15~20분 정도 기다리게 될 것 같아 그 시간 동안 예배하기로 작정했다. "하나님을 예배합니다. 당신은 찬양과 존귀와 영광을 받으시기에 합당한 분이십니다. 당신과 함께하는 이 시간을 감사드립니다." 그리고 다른 사람들을 위해 중보기도를 했다. 대통령, 대법원, 다른 정치 지도자들, 그리고 내가 다니는 교회 목사님을 위해 기도했고 오늘 아침 읽은 성경 구절을 떠올리며 묵상했다. "삼가 말씀에 주의하는 자는 좋은 것을 얻나니 여호와를 의지하는 자가 복이 있느니라"(잠 16:20). 하나님이 가까이 계심을, 그분의 임재를 느낄 수 있었다. 앞의 차가 움직이는 것을 본 나는 하나님과 함께한 예배의 시간에 감사를 드렸다.

로렌스는 이렇게 말했다. "하나님과 있기 위해 항상 교회에 있을 필요는 없다. 우리는 우리의 마음을 예배당으로 바꿀 수 있다. 그리고 거기서 하나님과 부드럽고 겸손한 사랑의 교제를 나눌 수 있다." 또한, 캠벨 모건은 다음과 같이 권고했다. "큰 것이 거룩해지기 위해서는 작은 것이 성화되어야 한다. 올해를 매순간 하나님께 바치사. 1년은 분(分)으로 이루어졌다. 그러므로 1분, 1분을 하나님께 바치는 우리가 되자." 삶의 여기저기서 낭비되는 시간을 거둬들여 하나님을 예배하는 데 사용하기를 바란다.

구약 시대의 제사는 몹시 까다로운 절차와 방법으로 드려졌습니다. 그러나 예수님은 이러한 모든 절차 대신 신령과 진정으로 예배하라고 가르쳐 주셨습니다. 신령과 진정으로 드리라는 가르침은 간단해 보입니다. 하지만 이 간단한 가르침은 우리의 마음과 정성을 다해 드리라는 내적인 엄격함을 요구하고 있습니다.

하나님은 거룩하신 분이므로 예배하는 자는 하나님의 영광을 높이며 거룩하게 예배드려야 합니다.

"여호와의 이름에 합당한 영광을 돌리며 거룩한 옷을 입고 여호와께 경배할지어다"(시 29:2).

하나님은 진실하신 분이므로 예배하는 자는 진실한 마음으로 예배드려야 합니다. 거짓과 위선으로 드리는 예배는 하나님의 마음을 분노하게 만들뿐입니다.

"스스로 속이지 말라 하나님은 만홀히 여김을 받지 아니하시나니…"(갈 6:7).

당신이 예배로 하나님을 기쁘시게 하면 하나님은 당신의 삶에 기쁨을 주십니다. 당신이 하나님께 가까이 나아가면 하나님은 당신을 가까이 하십니다. 당신이 신령과 진정으로 예배하면 하나님은 그분의 신실하심을 우리에게 보여주십니다.

"하나님을 가까이 하라 그리하면 너희를 가까이 하시리라 죄인들아 손을 깨끗이 하라 두 마음을 품은 자들아 마음을 성결케 하라"(약 4:8).

하나님은 예배하는 자를 찾으시고, 예배하는 자가 신령과 진정으로 예배할 때 기뻐하십니다. 무엇보다 예배의 성공자가 되십시오. 또한 언제나 어디서나 예배하는 생활의 예배자가 되십시오. 당신의 삶이 산 제물로 드려지는 산 제사가 될 때, 당신은 하나님 앞에 온전한 예배자로 거듭날 것입니다.

4 찬양과 경배

찬송: 46장
본문: 시편 150:1-6
요절: 시편 150:6

¹할렐루야 그 성소에서 하나님을 찬양하며 그 권능의 궁창에서 그를 찬양할지어다 ²그의 능하신 행동을 인하여 찬양하며 그의 지극히 광대하심을 좇아 찬양할지어다 ³나팔 소리로 찬양하며 비파와 수금으로 찬양할지어다 ⁴소고 치며 춤 추어 찬양하며 현악과 퉁소로 찬양할지어다 ⁵큰 소리 나는 제금으로 찬양하며 높은 소리 나는 제금으로 찬양할지어다 ⁶**호흡이 있는 자마다 여호와를 찬양할지어다** 할렐루야

도입글

설교의 대상은 인간입니다. 그래서 설교는 사람을 움직입니다. 기도의 대상은 하나님입니다. 그래서 기도는 하나님을 움직일 수 있습니다. 그런데 찬송은 하나님과 사람을 움직입니다. 하나님의 나라에서는 설교도, 기도도 모두 끝이나지만 찬송은 영원히 계속됩니다. 하나님 앞에서 천사들과 하나님의 백성이 함께 모여 찬양하는 장면을 상상해 보았습니까? 찬양은 단순한 음악 이상의 것입니다. 이번 과를 통해 예배의 중요한 요소 가운데 하나인 찬양에 대해 깊이 숙고해 보십시오.

■ 여는 질문

1. 가장 좋아하는 찬송가와 복음성가를 하나씩 꼽아 보십시오. 그 이유는 무엇입니까?

   _____

   _____

2. 당신은 예배 시간에 복음성가(혹은 CCM-Contemporary Christian Music)를 부르는 것에 대해 어떻게 생각합니까?

   _____

   _____

■ 본문속으로

1. 하나님을 찬양해야 하는 이유는 무엇입니까? (2절)

   _____

   _____

다음의 본문을 읽고 이스라엘 백성들이 하나님을 찬양한 이유를 말해 보십시오.

> "이때에 모세와 이스라엘 자손이 이 노래로 여호와께 노래하니 일렀으되 내가 여호와를 찬송하니 그는 높고 영화로우심이요 말과 그 탄 자를 바다에 던지셨음이로다 여호와는 나의 힘이요 노래시며 나의 구원이시로다 그는 나의 하나님이시니 내가 그를 찬송할 것이요 내 아비의 하나님이시니 내가 그를 높이리로다" (출 15:1-2).

"여호와여 신 중에 주와 같은 자 누구니이까 주와 같이 거룩함에 영광스러우며 찬송할 만한 위엄이 있으며 기이한 일을 행하는 자 누구니이까"(출 15:11).

2. 하나님을 찬양하는 방법은 무엇입니까? (3-5절)
_____
_____

3. 하나님을 찬양하는 장소는 어디입니까? 그 이유는 무엇입니까? (1절)
_____
_____

4. 하나님을 찬양해야 할 사람들은 누구입니까? (6절)
_____
_____

해설을 위한 도움말

원어 해설

찬양 – (λλη, 할렐) 밝게 비추다, 자랑하다, 찬양하다
경배 – (ή, 샤하) (몸을) 구부리다, 절하다

■ 배우기

1. 하나님의 능하신 행동과 지극히 광대하심은 하나님을 찬양하는 가장 중요한 이유입니다. 하나님의 능하신 행동은 이스라엘을 구원하는 힘이 되었습니다. 하나님의 지극히 광대하심은 열방 중에 하나님의 이름을 높였습니다.

이스라엘이 애굽을 탈출한 후에 만난 첫 번째 시련은 홍해였습니다. 그러나 하나님의 능력으로 홍해를 건너고, 또한 그들을 쫓던 애굽의 군대를 홍해가 삼켜 버린 사건은 이스라엘에게 하나님의 능력을 일깨워 주었습니다. 하나님의 능력, 하나님의 구원 행동에 대한 체험은 감격을 불러 일으켰고, 그 감격은 찬양으로 이어졌습니다.

2. 시편 기자는 나팔 소리, 비파와 수금, 소고, 현악과 퉁소로 찬양하며, 또한 춤추어 하나님을 찬양하라고 합니다. 하나님을 찬양하는 방법에는 제한이 없습니다. 우리에게 주어진 재능, 악기, 그리고 우리의 몸과 마음까지도 찬양의 도구와 방법이 되어야 합니다.

이 외에도 시편은 하나님을 찬양하는 방법에 대해 말해주고 있습니다.

- **입술로 찬양하라**

"주의 인자가 생명보다 나으므로 내 입술이 주를 찬양할 것이라 이러므로 내 평생에 주를 송축하며 주의 이름으로 인하여 내 손을 들리이다"(시 63:3-4).

- 온 마음으로 찬양하라

  "내가 전심으로 여호와께 감사하오며 주의 모든 기사를 전하리이다" (시 9:1).

- 영혼으로 찬양하라

  "내 영혼아 여호와를 송축하라 내 속에 있는 것들아 다 그 성호를 송축하라" (시 103:1).

- 지혜의 시로 찬양하라

  "하나님은 온 땅에 왕이심이라 지혜의 시로 찬양할지어다" (시 47:7).

3. 찬양은 비단 성소에서뿐만이 아니라 권능의 궁창, 곧 하나님이 창조하신 모든 곳에서 드려져야 합니다. 이 말은 찬양이 교회에서 예배 시간에만 불리워지는 것이 아니라, 우리의 삶의 곳곳에서 드려져야 한다는 뜻입니다. "언제나, 어디서나" 찬양은 하나님께 드려져야 합니다.

"해 돋는 데서부터 해 지는 데까지 여호와의 이름이 찬양을 받으시리로다" (시 113:3).

4. 홍해 사건 이후 하나님을 찬양한 것은 특정한 일부의 사람들이 아니라, 모세와 이스라엘 자손들이었습니다 (출 15:1). 구원을 체험하고 감격한 모든 사람이 함께 하나님을 찬양했던 것입니다.

찬양은 성가대의 전유물이 아닙니다. 찬양은 호흡이 있는 자,

곧 모든 사람들이 함께 드려야 합니다. 교회에서 예배를 드릴 때, 온 회중이 함께 감사와 감격으로 드리는 찬양이야말로 하나님을 기쁘시게 하는 찬양입니다.

생각해 보는 이야기

열 줄 비파

어느 날 밤, 기도회에서 한 노인이 이렇게 기도했다.
"주님! 우리가 열 줄 비파로 주님을 찬양하겠습니다." 기도회에 모인 사람들은 열 줄 비파가 무엇인가 하고 의아하게 생각했다. 노인은 계속 기도했다.
"우리는 우리 눈으로 오로지 주님만을 바라봄으로써 주님을 찬양하겠나이다. 우리는 우리 귀로 오로지 주님의 음성만을 들음으로써 주님을 찬양하겠나이다. 우리는 우리 손으로 주님을 섬김으로써 주님을 찬양하겠나이다. 우리는 우리 발로 주님의 길로 달려감으로써 주님을 찬양하겠나이다. 우리는 우리 혀로 주님의 인자하심을 간증함으로써 주님을 찬양하겠나이다. 우리는 우리 마음으로 오로지 주님만을 사랑함으로써 주님을 찬양하겠나이다."
두 눈, 두 귀, 두 손, 두 발, 그리고 혀와 마음, 우리는 이 열 줄 비파를 주님의 손에 두고 주님께서 인생의 가락을 연주케 하심으로써 가장 훌륭하게 주님을 찬양할 수 있다.

적용 질문

1. 당신의 찬양을 방해하는 것은 무엇입니까? 또 그런 장애물을 극복할 수 있는 방법은 무엇입니까?

   _____

   _____

2. 감사와 감격이 넘치는 찬양을 위해 당신이 준비해야 할 것들을 말해 보십시오.

   _____

   _____

메시지

인간은 하나님을 기쁘시게 하기 위해 창조되었습니다. 찬양은 사람이 하나님께 드릴 수 있는 것 중 가장 고귀한 것입니다. 그러므로 찬양으로 하나님을 기쁘시게 하는 것은 인간의 마땅한 본분입니다.

"그런즉 우리는 거하든지 떠나든지 주를 기쁘시게 하는 자 되기를 힘쓰노라"(고후 5:9).

찬양은 하나님의 은혜를 체험하고 감사와 감격이 솟아날 때 자연스럽게 우러나오는 것입니다. 억지로 하는 찬양, 틀에 박힌 찬양으로는 하나님을 기쁘시게 할 수 없습니다. 감사가 없는 찬양, 감격이 없는 예배는 죽은 찬양이요, 죽은 예배입니다. 이스라엘 백성들이 구원의 기쁨으로 다함께 하나님을 노래했던 것처럼, 그렇게 드려지는 찬양만이 하나님을 높이는 찬양이 됩니다.

찬양을 가리켜 곡조가 붙은 기도라고 합니다. 그러나 찬양은 단순히 음악 이상의 것입니다. 음악의 형식을 넘어서는 영감이 그 안에 있기 때문입니다. 또한 찬양은 단순한 간구 이상의 것입니다. 말로는 표현할 수 없는 깊은 체험이 그 안에 녹아 있기 때문입니다.

시편 150편은 찬양에 대한 모든 것들을 우리에게 가르쳐 주고 있습니다. 즉, 장소에 구애받지 않는 찬양, 시간과 때에 제한받지 않는 찬양, 게다가 우리에게 주어진 모든 재능과 힘을 다한 찬양, 온 세상 만민이 다함께 드리는 찬양, 이런 찬양으로 하나님께 영광을 돌리라고 말합니다.

구원을 감사하고, 은혜에 감격하는 마음이 당신에게 있다면 무엇보다 하나님을 찬양하십시오. 찬양할 때 당신의 삶은 변화됩니다. 찬양할 때 하나님은 당신의 삶 속에 더욱 놀라운 일들을 베풀어 주십니다. 당신의 삶이 온전히 하나님을 찬양하는 삶으로 변화되기를 기대합니다.

5 기도와 간구

찬 송: 486장
본 문: 마태복음 6:9-13
요 절: 마태복음 6:9

⁹그러므로 너희는 이렇게 기도하라 하늘에 계신 우리 아버지여 이름이 거룩히 여김을 받으시오며 ¹⁰나라이 임하옵시며 뜻이 하늘에서 이룬 것같이 땅에서도 이루어지이다 ¹¹오늘날 우리에게 일용할 양식을 주옵시고 ¹²우리가 우리에게 죄 지은 자를 사하여 준 것같이 우리 죄를 사하여 주옵시고 ¹³우리를 시험에 들게 하지 마옵시고 다만 악에서 구하옵소서(나라와 권세와 영광이 아버지께 영원히 있사옵나이다 아멘)

도입글

"개인 기도는 길게, 공중 기도는 짧게." 이 말은 기도가 성도 개인과 공동체 예배에 어떤 의미를 갖는지 함축적으로 표현하고 있습니다. 기도는 하나님과의 대화입니다. 성도의 신앙생활에 있어서 기도는 매우 중요합니다. 또한 기도는 성도 개인의 신앙생활뿐만 아니라, 공동체의 예배에서도 중요한 의미를 갖습니다. 이번 과에서는 예배 시간에 드려지는 기도와 간구에 대해 살펴봅니다.

여는 질문

1. 당신은 예배 시간에 드려지는 공중 기도(대표 기도)와 개인이 드리는 기도가 어떻게 달라야 한다고 생각합니까?

공중 기도	개인 기도

2. 당신의 교회에서는 예배 시간 중 언제 주기도문으로 기도를 드립니까? 그렇게 하는 이유는 무엇입니까?

_____
_____

본문속으로

1. 본문은 예수님께서 가르치신 "주기도문"입니다. 다음의 구절들이 뜻하는 것들을 요약해서 적어 보십시오.

   1) 하늘에 계신 우리 아버지여 이름이 거룩히 여김을 받으시오며: _____

2) 나라이 임하옵시며: _____

3) 뜻이 하늘에서 이룬 것같이 땅에서도 이루어지이다:
_____

4) 오늘날 우리에게 일용할 양식을 주옵시고:
_____

5) 우리가 우리에게 죄 지은 자를 사하여 준 것같이 우리 죄를 사하여 주옵시고: _____

6) 우리를 시험에 들게 하지 마옵시고 다만 악에서 구하옵소서: _____

7) (나라와 권세와 영광이 아버지께 영원히 있사옵나이다 아멘): _____

2. 다음의 구절들은 예수님께서 기도에 대해 가르치신 내용입니다. 각 구절들을 읽고 잘못된 기도의 유형을 말해 보십시오.

1) "또 너희가 기도할 때에 외식하는 자와 같이 되지 말라 저희는 사람에게 보이려고 회당과 큰 거리 어귀에 서서 기도하기를 좋아하느니라 내가 진실로 너희에게 이르노니 저희는 자기 상을 이미 받았느니라" (마 6:5).

_____
_____

2) "너는 기도할 때에 네 골방에 들어가 문을 닫고 은밀한 중에 계신 네 아버지께 기도하라 은밀한 중에 보시는 네 아버지께서 갚으시리라" (마 6:6).

_____

3) "또 기도할 때에 이방인과 같이 중언부언하지 말라 저희는 말을 많이 하여야 들으실 줄 생각하느니라"(마 6:7).

해설을 위한 도움말

원어 해설

기도 – (προσεύχομαι 프로슈코마이) 빌다, 기원하다, 간청하다, 기도하다 (pray)

간구 – (παρακαλέω 파라칼레오) 소환하다, 초청하다, 권하다, 훈계하다, 격려하다, 애원하다, 간구하다.

배우기

1. 주기도문은 예수님께서 가르쳐주신 기도이며, 여기에는 우리가 마땅히 간구해야 할 내용들이 담겨져 있습니다. 그래서 우리는 자칫 균형을 잃기 쉬운 우리의 기도를 주기도문을 통해 바로 잡을 수 있습니다.

1) 기도에는 먼저 하나님의 이름을 높여 드리는 찬양이 있어야

합니다. 하나님은 영광 받으시기에 합당하신 분이며, 우리는 그분께 영광을 돌리기 위해 창조되었기 때문입니다.

2) 하나님은 온 우주 만물의 창조자이시며 주인이십니다. 예배 드리는 공동체는 하나님의 백성이기 때문에 그의 다스리심을 간구해야 합니다.

3) 하나님은 뜻과 목적을 가지고 세상을 창조하셨습니다. 또한 하나님은 우리를 그의 백성으로 부르셔서 그 뜻과 목적을 이루도록 명령하셨습니다. 그러므로 우리는 우리를 통해 이루고자 하시는 하나님의 뜻이 하늘에서처럼 이 땅에서도 이루어지기 위해 기도해야 합니다.

4) 개인과 공동체의 필요를 위해 기도해야 합니다. 특히 예배 드리는 공동체의 소원과 필요를 아룀으로써 하나님의 은혜를 함께 체험하는 공동체로 자라가야 합니다.

5) 하나님께 우리의 죄를 고백하고 용서를 구하는 회개의 기도를 드려야 합니다. 회개는 개인뿐만 아니라 교회 공동체에게도 반드시 필요합니다. 회개의 기도를 통해서 교회는 더욱 건강하게 자랄 수 있습니다.

6) 교회는 다양한 사람들이 모인 곳이므로 여러 가지 시험에 노출되어 있습니다. 교회는 사랑과 덕을 세우는 공동체가 되기 위해서 더욱 시험과 악으로부터 지켜주시기를 간구해야 합니다.

7) 이 부분은 송영에 해당하는 부분입니다. 공동기도, 혹은 대표기도 후에 온 회중이 송영을 부름으로써, 그 기도가 교회 공동체 모두가 드리는 기도라는 것을 확인하고, 기도를 들으신 하나님께 영광을 돌려야 합니다.

2. 예수님께서는 잘못된 기도의 유형에 대해 가르쳐 주셨습니다. 이런 유형은 현대 교회에서도 늘 범하기 쉽고, 또 자주 반복되는 것이기도 합니다.

1) 외식하는 기도입니다. 우리의 마음과 생각을 감찰하시는 하나님 앞에서 위선과 외식은 거짓말과 다름이 없습니다. 그러므로 기도를 받으시는 분이 하나님이라는 것을 기억하며 겸손함으로 기도해야 합니다.

2) 개인 기도는 은밀하고 길게 드리는 것이 좋지만, 공중 기도는 모두가 공감할 수 있는 내용으로 간결하게 드려야 합니다.

3) 중언부언하는 기도입니다. 하나님은 미사여구로 화려하게 드리는 기도보다 진실함으로 드리는 기도를 기쁘게 받으십니다.

생각해 보는 이야기

기도에 대한 격언

- 공예배 중에 개인적인 욕심으로 너무 많은 시간을 할애하

여 기도하는 사람은 언제나 공적인 중요한 기도를 망친다./ 무디
- 기도가 너무 유창할 때쯤 되면 사실 자신에게 기도하고 있는 것이다./ A. 토저
- 기도는 무수한 영혼들의 통곡 속에 엉켜 있을 때에도 신의 왕좌를 향해서 나아가는 마음의 노래이다./ 칼릴 지브란
- 기도는 습득하는 것이 아니라 생성되는 것이다./ 그린버그
- 기도는 죄를 멈추도록 이끌지만, 죄는 기도를 멈추도록 유혹할 것이다./ 존 번연
- 기도는 하나님을 변화시키는 것이 아니다. 그것은 기도하는 사람 자신을 변화시키는 것이다./ 키에르케고르
- 기도의 위력 속에는 화염을 소멸함, 사자의 포효를 누름과, 폭군의 횡포를 막음과, 전쟁을 종식시킴과, 마귀를 쫓음과, 죽음의 사슬을 끊음과, 하늘의 문을 활짝 열음과, 질병을 박멸함과, 위선을 드러냄과, 도시를 파멸에서 구출하는 것과, 태양을 머무르게 하는 것과, 천둥번개를 멈추게 하는 힘이 있다. 기도는 무진장한 보고이며 바닥이 없는 광맥이며, 구름 없는 하늘이고, 폭풍이 불지 않는 대양이다. 이는 뿌리요, 기초이며, 수천 가지 축복의 어머니이다./ 크리소스톰

▦ 적용 질문

1. 당신이 공중 기도를 드릴 때 특별히 간구하는 내용은 무엇이며, 또 기도하기 전에 어떻게 준비합니까?

2. 예배를 지루하고 산만하게 만드는 기도, 은혜를 반감시키는 기도는 어떤 기도입니까? 이런 기도를 극복하려면 어떻게 해야 좋을지 함께 의견을 나누어 보십시오.

 메시지

기도는 영혼의 호흡이며, 하나님과의 대화입니다. 그래서 기도는 성도의 신앙생활에서도 교회 공동체의 예배에서도 매우 중요합니다. 그러나 종종 예배 가운데서 기도는 그 생명력을 잃어버리고, 예배의 많은 순서 중 하나로 전락해 버리곤 합니다. 심지어 예배에서의 대표기도는 길고 지루한 시간으로 변질되기 일쑤이며, 공동체의 마음과 소원을 한곳에 모으는 시간이 아니라, 오히려 산만하게 만드는 시간이 되기도 합니다.

이제 당신의 삶과 교회에서 기도와 간구의 시간이 그 생명력을 되찾아야 합니다. 예배에서의 기도 시간이 길고 지루한 시간이 아니라, 온 회중의 마음과 소원이 집중되는 시간이 되어야 합니다. 은혜를 반감시키는 시간이 아니라, 은혜를 체험하고 그 은혜에 감격하는 시간이 되어야 합니다.

그러기 위해서는 먼저, 진실한 마음으로 드리는 참회가 있어야 합니다. 개인과 공동체의 죄를 고백할 때 죄사함의 은총을 누릴 수 있기 때문입니다. 다음으로, 감사하는 마음으로 드리는 찬양이 있어야 합니다. 하나님의 이름을 높여드리는 찬양과 은혜에 대한 감사가 있을 때 하나님은 그 기도와 예배를 기뻐 받아 주시기 때문입니다. 또한 교회 공동체의 공동의 비전과 필요를 위해 기도해야 합니다. 하나님의 도움 없이 교회는 설 수도, 성장할 수도 없습니다. 그러므로 하나님의 도움을 구하는 기도는 교회를 더욱 풍성하게 만들어 줄 것입니다. 마지막으로 교회와 성도, 목회자와 선교, 세상을 위해 중보기도를 해야 합니다. 교회의 사명은 온 인류를 구원하는 데 있습니다. 그러므로 가까운 이웃은 물론이요, 아직 구원을 경험하지 못한 이들을 위해서도 교회는 중보기도를 드려야 합니다.

간절한 기도, 진실한 기도는 하나님의 마음을 움직이고, 또 자신을 변화시킵니다. 하나님의 마음에 합한 기도로 은혜와 영적인 감동이 있는 예배를 드리시기 바랍니다.

"나의 반석이시요 나의 구속자이신 여호와여 내 입의 말과 마음의 묵상이 주의 앞에 열납되기를 원하나이다"(시 19:14).

말씀의 선포

6

찬송: 379장
본문: 예레미야 7:1-7
요절: 예레미야 7:3

¹여호와께로서 예레미야에게 말씀이 임하니라 가라사대 ²너는 여호와의 집 문에 서서 이 말을 선포하여 이르기를 여호와께 경배하러 이 문으로 들어가는 유다인아 다 여호와의 말씀을 들으라 ³**만군의 여호와 이스라엘의 하나님이 이같이 말씀하시되 너희 길과 행위를 바르게 하라 그리하면 내가 너희로 이곳에 거하게 하리라** ⁴너희는 이것이 여호와의 전이라, 여호와의 전이라, 여호와의 전이라 하는 거짓말을 믿지 말라 ⁵너희가 만일 길과 행위를 참으로 바르게 하여 이웃들 사이에 공의를 행하며 ⁶이방인과 고아와 과부를 압제하지 말며 무죄한 자의 피를 이곳에서 흘리지 아니하며 다른 신들을 좇아 스스로 해하지 아니하면 ⁷내가 너희를 이곳에 거하게 하리니 곧 너희 조상에게 영원 무궁히 준 이 땅에니라

도입글

어느 목사님이 예배 시간에 열심히 설교를 하고 있었는데 한 남자 집사님이 심하게 졸자 신경이 쓰였습니다. 그래서 옆에 앉아 있던 할머니 권사님께 그 집사님을 좀 깨우라고 했습니다. 그러

자 그 권사님은 고개를 갸웃거리며 이렇게 중얼거렸답니다. "목사님께서 재워 놓고 왜 날더러 깨우라는 거예요!" 설교 시간은 하나님의 말씀이 선포되는 시간입니다. 예배를 드리기 위해 모인 회중들은 설교를 통해서 하나님의 말씀을 듣습니다. 그러나 설교는 종종 따분하고 지루한 것, 견뎌야만 하는 것으로 전락하곤 합니다. 이번 과를 통해 예배에 있어서 말씀의 선포가 갖는 의미를 되새겨 보기를 바랍니다.

여는 질문

1. 당신이 예배 시간 중 가장 중요하게 생각하는 순서는 무엇입니까? 그 이유는 무엇입니까?

2. 설교 시간, 말씀 집중을 방해하는 것들은 무엇입니까?

본문속으로

1. 예레미야가 선포하는 말씀은 누구의 말씀입니까? (1, 2절)

2. 선포되는 말씀을 들어야 할 사람은 누구입니까? (2절)

말씀을 듣는 사람의 태도는 어떠해야 합니까?

"그런즉 씨 뿌리는 비유를 들으라 아무나 천국 말씀을 듣고 깨닫지 못할 때는 악한 자가 와서 그 마음에 뿌리운 것을 빼앗나니 이는 곧 길가에 뿌리운 자요 돌밭에 뿌리웠다는 것은 말씀을 듣고 즉시 기쁨으로 받되 그 속에 뿌리가 없어 잠시 견디다가 말씀을 인하여 환난이나 핍박이 일어나는 때에는 곧 넘어지는 자요 가시떨기에 뿌리웠다는 것은 말씀을 들으나 세상의 염려와 재리의 유혹에 말씀이 막혀 결실치 못하는 자요 좋은 땅에 뿌리웠다는 것은 말씀을 듣고 깨닫는 자니 결실하여 혹 백 배, 혹 육십 배, 혹 삼십 배가 되느니라 하시더라"(마 13:18-23).

3. 선포된 말씀의 내용은 무엇입니까? (3, 4절)

말씀은 곧 무엇입니까? 다음 구절들을 읽고 말해 보십시오.

"태초에 말씀이 계시니라 이 말씀이 하나님과 함께 계셨으니 이 말씀은 곧 하나님이시니라 그가 태초에 하나님과 함께 계셨고 만물이 그로 말미암아 지은 바 되었으니 지은 것이 하나도 그가 없이는 된 것이 없느니라 그 안에 생명이 있었으니 이 생명은 사람들의 빛이라"(요 1:1-4).

_____

_____

"말씀이 육신이 되어 우리 가운데 거하시매 우리가 그 영광을 보니 아버지의 독생자의 영광이요 은혜와 진리가 충만하더라"(요 1:14).

_____

_____

4. 말씀을 듣고 지키는 자에게 주신 약속은 무엇입니까? (3, 7절)

_____

_____

해설을 위한 도움말

원어 해설 - 말씀

(λόγος, 로고스) '레고'(지혜롭게 말하다)에서 파생. 원뜻은 '지혜롭게 말하는 능력', 혹은 '이성'. 여기서는 지혜의 근본으로서 성삼위(聖三位) 중 2위(二位)이신 그리스도를 말함.

배우기

1. 예레미야는 하나님의 말씀을 선포하는 일을 주저했지만 하나

님의 명령 앞에 순종합니다. 하나님께서는 예레이먀의 입에 말씀을 담아 주셨고, 예레미야는 담대하게 하나님의 말씀을 선포했습니다.

"내가 가로되 슬프도소이다 주 여호와여 보소서 나는 아이라 말할 줄을 알지 못하나이다 여호와께서 내게 이르시되 너는 아이라 하지 말고 내가 너를 누구에게 보내든지 너는 가며 내가 네게 무엇을 명하든지 너는 말할지니라"(렘 1:6-7).

"여호와께서 그 손을 내밀어 내 입에 대시며 내게 이르시되 보라 내가 내 말을 네 입에 두었노라"(렘 1:9).

2. 여호와께 경배하기 위해 여호와의 집에 들어가는 모든 유다인들은 하나님의 말씀을 들어야 합니다. 이는 예배를 드리는 우리 모두에게 동일하게 적용되는 말씀입니다. 즉, 예배 시간에 선포되는 하나님의 말씀을 우리 모두는 경청해야 합니다.

예수님의 씨 뿌리는 자의 비유에는 말씀을 듣는 사람들의 다양한 반응이 나옵니다. 하나님의 말씀을 듣는 이들은 자신의 마음을 길, 돌밭, 가시떨기가 아닌 좋은 땅으로 가꾸어 나가야 합니다. 그럴 때 말씀은 비로소 우리 가운데서 열매를 맺을 수 있기 때문입니다.

3. 본문에서 예레미야를 통해 선포된 말씀은 길과 행위를 바르게 하는 것, 그리고 거짓말을 믿지 말라는 것이었습니다. 하나님은 때와 상황에 따라 우리에게 적절한 말씀을 주십니다. 즉, 예

배를 통해 선포되는 말씀은 지금 당신에게 가장 필요한 말씀인 것입니다.

요한복음의 본문은 하나님이 곧 말씀이라고 합니다. 또한 말씀은 육신이 된 분이 예수 그리스도라고 가르쳐 줍니다. 곧 예수님은 육신이 된 말씀이시요, 성경은 기록된 말씀이며, 설교는 선포된 말씀입니다. 이 말씀에 순종할 때 우리는 말씀에 합당한 삶, 말씀의 열매를 맺는 삶을 살 수 있습니다.

4. 하나님은 말씀을 듣고 지킨 자에게 하나님의 집과 하나님께서 주신 땅에 영원 무궁히 거하도록 해 주시겠다고 약속하셨습니다. 이는 곧 하나님의 백성으로서 하나님의 보호와 인도를 받는다는 약속입니다.

생각해 보는 이야기

스펄전의 회심

어느 주일 아침, 한 설교자가 "나를 바라보고 구원을 얻으라"라는 본문으로 설교했다. "나의 친구들이여, 이것은 정말 간단한 본문입니다. 오늘 말씀은 '보라'고 말합니다. 보는 것은 그리 수고스럽지 않은 일입니다. 당신의 손가락이나 발가락을 들어올릴 필요도 없습니다. 그저 단지 보면 됩니다. 사람이 보기 위해 대학교육을 받을 필요는 없습니다. 당신이 아무리 바보일지라도 쳐다볼 수는 있을 것입니다.

보는 데 천 년을 기다려야 하는 것도 아닙니다. 누구나 볼 수 있습니다. 어린아이도 볼 수 있습니다. 그러나 본문은 말합니다. '나를 보라.' 그렇습니다. 많은 사람들은 자신을 바라봅니다. 하지만 그것은 아무 소용이 없습니다. 당신 자신 속에서는 위로를 찾을 수가 없습니다. 그리스도를 바라보십시오." 이렇게 한 10분 동안 설교한 후 설교자는 자신이 해야 할 말을 다해 버린 것 같았다. 그러나 그는 젊은 스펄전이 발코니 밑에 앉아 있는 것을 보고 그를 응시하면서 계속 말했다. "젊은이여, 당신은 오늘 아주 비참해 보이는군요. 당신이 오늘의 본문에 순종하지 않는다면 당신은 삶에서나 죽음에서나 항상 비참할 것이오. 그러나 당신이 지금 당장 순종한다면 구원을 얻을 것이오. 젊은이여, 예수 그리스도를 바라보시오. 바라보시오!"

그것은 세련된 설교는 아니었다. 그러나 그것은 하나님의 말씀에 기초한 참된 설교였으며, 하나님은 그 설교를 축복하셨다. 그래서 스펄전은 바라보았고, 회심했다.

적용 질문

1. 다음의 항목을 읽은 후, 말씀을 듣고 행하는 당신의 태도를 평가해 보십시오.

   1) 나는 설교를 듣기 전, 설교 본문을 확인하고 미리 읽어 본다.
   2) 나는 설교자를 위해 항상 중보한다.
   3) 나는 지난 주의 설교 본문과 제목을 기억하고 있다.

4) 나는 생활하면서 설교 말씀을 자주 떠올린다.
5) 나는 나에게 도전이 된 말씀에 순종하려고 애쓴다.

- 나의 태도:

- 고쳐야 할 점:

 메시지

하나님께서는 말씀으로 세상을 창조하셨습니다. 이 말씀은 다시 우리 가운데 육신으로 오셨고, 성경으로, 또 설교로 날마다 우리에게 선포되고 있습니다. 예배는 당신의 삶과 정성을 감사함으로 하나님께 드리는 시간입니다. 하나님은 예배하는 이들을 기꺼이 만나 주시며 그들에게 말씀하십니다. 그러므로 당신은 무엇보다 예배를 통해 선포되는 하나님의 말씀을 귀중히 여겨야 합니다. 하나님의 말씀은 우리 가운데 믿음을 갖게 하고 구원에 이르게 합니다.
"그러므로 믿음은 들음에서 나며 들음은 그리스도의 말씀으로 말미암았느니라"(롬 10:17).

말씀으로 구원을 얻은 성도들은 말씀을 기뻐하며 삶의 지침으로 삼습니다. 거듭난 사람에게 있어서 말씀은 굴레가 아니라 기쁨과 노래입니다. 하나님의 말씀을 기뻐하는 사람에게 있어서 말씀은 걸림돌이 아니라 그 발에 등이요, 길에 빛이 됩니다.
"주의 말씀의 맛이 내게 어찌 그리 단지요 내 입에 꿀보다 더하니이다 주의 법도로 인하여 내가 명철케 되었으므로 모든 거짓 행위를 미워하나이다 주의 말씀은 내 발에 등이요 내 길에 빛이니이다"(시 119:103-105).

하나님의 말씀은 능력입니다. 모든 악을 멸하는 무기이며, 하나님의 뜻을 이루는 도구입니다. 그러므로 성도는 말씀의 능력을 힘입을 때, 하나님의 능력을 나타내는 삶을 살아갈 수 있습니다.
"하나님의 말씀은 살았고 운동력이 있어 좌우에 날선 어떤 검보다도 예리하여 혼과 영과 및 관절과 골수를 찔러 쪼개기까지 하며 또 마음의 생각과 뜻을 감찰하나니"(히 4:12).

당신의 삶을 움직이는 힘은 무엇입니까? 당신은 무엇에 의지해서 살아가고 있습니까? 당신이 걸어가는 길이 오직 하나님의 말씀으로만 인도받도록 기도하십시오. 썩어져 갈 세상의 욕심이 아닌 기록한 하나님의 말씀만이 당신의 삶을 움직이는 원동력이 되도록 힘쓰십시오. 하나님은 말씀에 순종해서 말씀에 합당한 열매를 맺는 당신을 기뻐하십니다.

헌신의 결단

찬 송 : 347장
본 문 : 로마서 12:1-2
요 절 : 로마서 12:1

¹그러므로 형제들아 내가 하나님의 모든 자비하심으로 너희를 권하노니 너희 몸을 하나님이 기뻐하시는 거룩한 산 제사로 드리라 이는 너희의 드릴 영적 예배니라 ²너희는 이 세대를 본받지 말고 오직 마음을 새롭게 함으로 변화를 받아 하나님의 선하시고 기뻐하시고 온전하신 뜻이 무엇인지 분별하도록 하라

도입글

하나님께 쓰임 받은 사람들에게는 한 가지 공통점이 있습니다. 희생을 두려워하지 않는 헌신이 바로 그것입니다. 하나님은 하나님의 명령 앞에서 즉각적인 결단을 내리고, 그 결단을 실천한 사람들을 동역자로 삼아 주셨습니다. 예배를 통해 하나님을 만난 사람은 그 은혜에 감격하게 됩니다. 또한 하나님의 음성을 듣고 사명을 자각하게 됩니다. 이렇게 하나님을 만나고 하나님의 음성을 들은 사람은 헌신을 결단합니다. 그러므로 헌신은 예배를 드리는, 예배자의 마땅한 결과입니다. 이번 과를 통해 헌신의 의미를 새롭게 하고, 헌신을 결단하고 실천함으로써, 바르고 건강한

예배자로 거듭나기를 바랍니다.

여는 질문

1. 당신은 예배를 드리면서 은혜와 감동을 경험하고 있습니까? 가장 인상 깊었던 경험은 무엇입니까?

   _____
   _____

2. 말씀의 선포를 통해서 새로운 깨달음과 도전을 받고 큰 변화를 경험한 일이 있다면 나눠 보십시오.

본문 속으로

1. 하나님께서 기뻐하실 거룩한 산 제사로 드려야 할 것은 무엇입니까? 또한 그것의 의미는 무엇입니까?(1절)

   _____
   _____

2. 헌신의 대상은 누구입니까?(1절) 다음의 구절을 읽고 잘못된 헌신의 대상은 무엇인지 나눠 보십시오.

   ▶ 헌신의 대상:
   ▶ 잘못된 헌신의 대상:

"그러므로 너희는 죄로 너희 죽을 몸에 왕노릇하지 못하게 하여 몸의 사욕을 순종치 말고 또한 너희 지체를 불의의 병기로 죄에게 드리지 말고 오직 너희 자신을 죽은 자 가운데서 다시 산 자같이 하나님께 드리며 너희 지체를 의의 병기로 하나님께 드리라"(롬 6:12-13).

3. 우리가 본받아야 할 헌신의 예표는 누구입니까? 또 그 헌신의 모습은 어떠했습니까?

_____

_____

"그러므로 사랑을 입은 자녀같이 너희는 하나님을 본받는 자가 되고 그리스도께서 너희를 사랑하신 것같이 너희도 사랑 가운데서 행하라 그는 우리를 위하여 자신을 버리사 향기로운 제물과 생축으로 하나님께 드리셨느니라"(엡 5:1-2).

해설을 위한 도움말

원어 해설 - 헌신하게

(πκδψ Ωαλμ, 말레우 에드켐) 문자적으로 '너희의 손을 (에드켐) 가득 메우다(말레)'는 뜻. 주어진 일을 철두철미하게 수행한다는 의미.

▦ 배우기

1. 헌신은 몸, 곧 삶 전체를 드리는 것입니다. 본문에서는 이를

거룩한 산 제사로 표현하고 있습니다. 하나님 앞에 순수한 마음으로 드려지는 것이기에 헌신은 거룩한 행위입니다. 또한 살아있지만 모든 것을 하나님께 내어 맡기는 믿음으로 드리기에 산 제사인 것입니다. 하나님이 기뻐하시는 제물은 소나 양이 아닌 예배자의 삶 전체입니다.

"사무엘이 가로되 여호와께서 번제와 다른 제사를 그 목소리 순종하는 것을 좋아하심 같이 좋아하시겠나이까 순종이 제사보다 낫고 듣는 것이 숫양의 기름보다 나으니"(삼상 15:22).

2. 헌신의 대상은 오직 하나님이십니다. 성경은 죄로 하여금 우리 몸의 주인이 되지 못하게 하라고 하셨습니다. 또한 우리의 지체를 죄에게 헌신하지 말고, 의의 병기로 하나님께 드리라고 말씀하셨습니다.

헌신의 힘은 놀랍습니다. 우리의 몸과 삶 전체를 드리는 것이기에 그렇습니다. 수많은 역사와 성취는 헌신의 결과였습니다. 그렇기 때문에 잘못된 대상에 대한 헌신은 그만큼 악한 결과를 낳습니다. 죄에 사로잡혀 악한 일에 헌신한다면 그것처럼 위험한 일이 어디 있겠습니까? 성경은 우리의 몸과 지체를 오직 하나님 한분께만 헌신하라고 가르치고 있습니다.

"그런즉 너희가 먹든지 마시든지 무엇을 하든지 다 하나님의 영광을 위하여 하라"(고전 10:31).

3. 예수 그리스도는 자신의 모든 것, 심지어 목숨까지도 향기로

운 제물과 생축으로 하나님께 드렸습니다. 그것이 곧 예수 그리스도의 삶과 십자가의 고난이었습니다. 살아 숨 쉬는 모든 시간의 삶이 하나님께 헌신된 삶이었습니다. 십자가에서 고난을 받고 죽으심까지도 하나님을 향한 헌신이었습니다. 자신의 생각과 의지를 철저히 배제하고 오직 하나님의 뜻만을 나타내고 이루기 위한 삶, 이것이 예수 그리스도의 헌신된 삶의 모습이었습니다. 이렇게 철저히 비워진 예수님의 헌신 속에 하나님의 뜻은 온전하게 나타났습니다.

"조금 나아가사 얼굴을 땅에 대시고 엎드려 기도하여 가라사대 내 아버지여 만일 할 만하시거든 이 잔을 내게서 지나가게 하옵소서 그러나 나의 원대로 마옵시고 아버지의 원대로 하옵소서 하시고"(마 26:39).

생각해 보는 이야기

시계

진씨 성을 가진 자매가 있었다. 그녀는 아직 무엇이 헌신인지 잘 모르고 있었다. 그러던 어느 날 아침, 거실에서 장미를 감상하던 그녀는 아직 피지 않은 꽃을 꺾어 장식을 하고 싶은 생각이 들었다. 이제 며칠이 더 지나 꽃이 핀 후에 시간이 흐르면, 향기도 사라지고 꽃잎도 떨어지고 색깔도 퇴색해버릴 것이기 때문이었다. 그녀가 꽃 앞에서 생각에 잠겼을 때 그녀 안에서 작고 세미한 목소리가 들려왔다.
"나는 너의 청춘을 원한다. 네가 이 꽃을 원하듯이 나도 너의 청춘을 원한다. 네가 늙기를 기다리지 말라! 얼굴에 주름이 생기고 노쇠해서야 나에게 헌신하겠느냐?" 그녀는 주님의 사랑에 감동되어 즉시 "주님, 저는 지금부터 제 청춘을 완전히 주님께 드리기를 원합니다. 주님이 저를 감상하시고 또 사용하실 수 있도록 제 자신을 드리기를 원합니다!" 라고 대답하였다. 자매는 그때부터 지금까지 20년 동안 주님을 섬기며 주님께서 귀히 사용하시는 그릇이 되었다.

형제, 자매들이여! 지금 주 앞에 엎드려 "제가 주님께 헌신하기를 원하십니까? 주여! 제가 여기 있습니다" 라고 기도한다면, 주님은 즉시 당신의 깊은 곳에서 친밀하게 말씀하시며, 그 분의 임재 가운데서 그 분을 만나게 하실 것이다. 세상에서 당신의 연수가 얼마 남지 않았다. 빈손 들고 주님 앞에 가겠는가?

적용 질문

1. 주변에서 헌신적인 모습으로 다른 사람들을 감동시키는 사람이 있습니까? 어떤 모습이 당신에게 감동을 주었습니까?

   _____
   _____

2. 하나님은 당신이 어떤 일에 헌신하기를 원하신다고 생각합니까? 당신은 지금 그 일에 얼마나 헌신하고 있습니까? 자신의 헌신을 다시 한번 되새겨 보십시오.

나의 헌신은…

 메시지

헌신(獻身)은 말 그대로 몸을 드리는 것입니다. 여기서 몸이란 단순한 육신이 아닌 삶 전체를 뜻합니다. 그래서 많은 사람들은 삶 전체를 드리는 헌신에 대해 오해를 갖고 있거나 망설이기도 합니다. 아직도 포기하지 못하고 선뜻 내어 놓기 아까운 것들이 있기 때문입니다. 그러나 희생 없는 헌신은 존재하지 않습니다. 또한 헌신 없는 역사도 있을 수 없습니다. 헌신의 결단은 위대한 하나님의 역사를 이루는 첫 걸음이 됩니다.

우리가 하나님 앞에 드리는 예배에는 헌신의 결단이 반드시 포함되어야 합니다. 선포된 말씀 앞에서 전적인 순종으로 응답하는 것, 곧 헌신의 결단은 예배의 마땅한 결과입니다.

헌신은 위대한 기회의 문을 여는 열쇠입니다. 주님께 쓰임 받은 사람들은 재능이 출중한 사람들이 아니라, 마음을 다하여 헌신했던 사람들이었습니다. 당신의 삶의 성패는 당신의 삶을 얼마나 하나님께 헌신하는가에 달려 있습니다. 헌신의 정도는 곧 하나님이 당신을 쓰시는 정도와 일치합니다.

그러므로 헌신을 미루는 사람은 인생을 미루고 있는 사람입니다. 헌신을 주저하고 망설이는 사람은 푯대를 향하여 첫걸음조차 떼지 못하고 있는 사람입니다. 당신은 예배를 드리며 당신에게 베푸신 하나님의 은혜를 깨닫고 감격했습니까? 말씀의 선포를 통해 당신에게 도전이 되는 음성을 들었습니까? 그렇다면 이제 헌신을 결단하십시오.

세상과 죄를 향해 있던 당신의 몸을 돌려 하나님을 향하게 하십시오. 그리고 일부가 아닌 당신의 몸, 삶 전체를 하나님께 던지십시오. 하나님을 향한 거룩한 열정, 이웃을 향한 뜨거운 사랑에 헌신하십시오. 온전한 헌신은 하나님의 뜻을 온전히 이루는 비결입니다. 헌신의 결단으로 위대한 하나님의 역사를 이루는 당신이 되기를 소망합니다.

정성의 예물

찬송 : 71장
본문 : 창세기 14:17-24
요절 : 창세기 14:20

17아브람이 그돌라오멜과 그와 함께한 왕들을 파하고 돌아올 때에 소돔 왕이 사웨 골짜기 곧 왕곡에 나와 그를 영접하였고 18살렘 왕 멜기세덱이 떡과 포도주를 가지고 나왔으니 그는 지극히 높으신 하나님의 제사장이었더라 19그가 아브람에게 축복하여 가로되 천지의 주재시요 지극히 높으신 하나님이여 아브람에게 복을 주옵소서 20 **너희 대적을 네 손에 붙이신 지극히 높으신 하나님을 찬송할지로다** 하매 아브람이 그 얻은 것에서 십분 일을 멜기세덱에게 주었더라 21 소돔 왕이 아브람에게 이르되 사람은 내게 보내고 물품은 네가 취하라 22아브람이 소돔 왕에게 이르되 천지의 주재시요 지극히 높으신 하나님 여호와께 내가 손을 들어 맹세하노니 23네 말이 내가 아브람으로 치부케 하였다 할까 하여 네게 속한 것은 무론 한 실이나 신들메라도 내가 취하지 아니하리라 24오직 소년들의 먹은 것과 나와 동행한 아넬과 에스골과 마므레의 분깃을 제할지니 그들이 그 분깃을 취할 것이니라

도입글

경제는 현대사회의 가장 중요한 관심사입니다. 돈처럼 사람들에

게 큰 영향을 끼치는 것도 찾아보기 힘들 정도입니다. 그래서 종종 돈은 교회에서도 문제를 일으킵니다. 헌금으로 인해 사람들은 시험에 빠지기도 하고, 또 어떤 사람들은 이 걸림돌에 걸려 바른 신앙의 성장에 방해를 받기도 합니다. 그러나 성경은 돈에 대해 분명한 가르침을 주고 있습니다. 중요한 것은 돈의 많고 적음이 아니라 돈에 대한 분명한 태도입니다. 이번 과를 통해서 헌금의 바른 의미를 되새기고 건강한 재물관, 신앙적인 헌금관을 세우게 되기를 바랍니다.

여는 질문

1. 당신이 드리고 있는 헌금의 종류를 말해 보십시오. 당신은 헌금이 갖는 각각의 의미를 잘 알고 있습니까?

2. 당신은 헌금 때문에 시험에 들거나 마음이 불편했던 적이 있습니까? 그 경험을 함께 나누어 보십시오.

본문속으로

1. 아브람이 제사장 멜기세덱에게 십일조를 드린 이유는 무엇입니까? (19-20절)

2. 하나님이 싫어하시는 헌금(드리는 태도)은 무엇입니까?

"베드로가 가로되 아나니아야 어찌하여 사단이 네 마음에 가득하여 네가 성령을 속이고 땅값 얼마를 감추었느냐 땅이 그대로 있을 때에는 네 땅이 아니며 판 후에도 네 임의로 할 수가 없더냐 어찌하여 이 일을 네 마음에 두었느냐 사람에게 거짓말한 것이 아니요 하나님께로다"(행 5:3-4).

"각각 그 마음에 정한 대로 할 것이요 인색함으로나 억지로 하지 말지니 하나님은 즐겨 내는 자를 사랑하시느니라"(고후 9:7).

3. 다음의 구절을 읽고 헌금을 드리는 이유와 헌금의 바른 태도를 말해 보십시오.

"너의 중 모든 남자는 일 년 삼차 곧 무교절과 칠칠절과 초막절에 네 하나님 여호와의 택하신 곳에서 여호와께 보이되 공수로 여호와께 보이지 말고 각 사람이 네 하나님 여호와의 주신 복을 따라 그 힘대로 물건을 드릴지니라"(신 16:16-17).

"나와 나의 백성이 무엇이관대 이처럼 즐거운 마음으로 드릴 힘이 있었나이까 모든 것이 주께로 말미암았사오니 우리가 주의 손에서 받은 것으로 주께 드렸을 뿐이니이다"(대상 29:14).

▶ 이유 :

▶ 태도 :

해설을 위한 도움말

원어 해설

헌물 – (ἀνάθημα, 아나데마) '아나티데미' (구별하다)에서 파생. 따로 구별하여 하나님께 드린 각종 보화를 비롯한 모든 성물(聖物)들.

십일조 – (ἀποδεκατόω, 아포데카토오) 직역하면 '소득에서 10분의 1을 내다'. 하나님의 은혜에 감사하여 드리는 소득의 10분의 1.

배우기

1. 아브람은 조카를 위한 싸움에서 큰 승리를 거두었습니다. 멜기세덱의 축복을 통해서 아브람은 자신의 승리가 하나님의 도움이었다는 사실을 깨닫고 감사하는 마음으로 십일조를 드렸습니다.

십일조는 하나님께서 베푸신 은혜를 감사하는 마음으로 드리는 예물이며, 내가 가진 모든 것이 하나님께로부터 말미암았다는 신앙의 고백으로 드리는 예물입니다. 또한 십일조는 하나님께서 명령하신 예물이며, 십일조를 드리는 자들에게는 복을 주시겠다고 하나님께서 약속해 주셨습니다.

"만군의 여호와가 이르노라 너희의 온전한 십일조를 창고에 들여 나의 집에 양식이 있게 하고 그것으로 나를 시험하여 내가 하늘 문을 열고 너희에게 복을 쌓을 곳이 없도록 붓지 아니하나 보라"(말 3:10).

2. 헌금은 하나님께서 베푸신 은혜에 대한 감사의 표현이며, 만물의 주인이 되신 하나님을 찬양하는 신앙의 고백입니다. 그러므로 헌금할 때는 거짓된 마음으로 드리거나, 인색한 마음으로 억지로 드려서는 안됩니다.

"돈을 사랑함이 일만 악의 뿌리가 되나니 이것을 사모하는 자들이 미혹을 받아 믿음에서 떠나 많은 근심으로써 자기를 찔렀도다"(딤전 6:10).

3. 하나님은 헌금을 명령하셨습니다. 하나님께서 정하신 절기에는 그 절기에 합당한 예물을 드려야 합니다. 또한 예물을 드리는 이들은 하나님께서 베푸신 복을 따라 최선을 다해 드려야 합니다.

감사와 자원하는 마음으로 즐겁게 드리는 예물은 하나님을 기쁘시게 하는 향기로운 제물이 됩니다. 또한 정성으로 드린 예물은 드린 이들의 삶을 더욱 풍성하게 합니다.

"네가 이 세대에 부한 자들을 명하여 마음을 높이지 말고 정함이 없는 재물에 소망을 두지 말고 오직 우리에게 모든 것을 후히 주사 누리게 하시는 하나님께 두며 선한 일을 행하고 선한 사업에 부하고 나눠주기를 좋아하며 동정하는 자가 되게 하라 이것이 장래에 자기를 위하여 좋은 터를 쌓아 참된 생명을 취하는 것이니라"(딤전 6:17-19).

생각해 보는 이야기

열 가지 병

첫째, 주일날에도 세상일만 생각하니 세상병이요,
둘째, 예배당에 재종을 쳐도 아직도 우물쭈물 게으름병이라.
셋째, 믿는 형제 서로 보면서 두 눈만 힐끗힐끗 시기병이요,
넷째, 예배당에 앉아도 살림살이 염려하니 염려병이라.
다섯째, 예배당 출석부에 동그라미 가득하니 결석병이요,
여섯째, 예배당에 늦게 나와 정신없이 기도하니 외식병이라.
일곱째, 예배당에 앉아서 고개만 끄덕끄덕 졸음병이요,
여덟째, 성경말씀 아무리 들이도 은혜 받지 못하니 기갈병
         이라.
아홉째, 헌금 바칠 때 돈이 아까워 우물쭈물 인색병이요,
열째, 예배하고 돌아가서도 헛된 망상에 자주 빠지니 망상병
       이라

적용 질문

1. 당신은 올바른 재물관을 가지고 있습니까? 자신의 재물관을 나눠 보십시오.

   _____
   _____

2. 당신의 헌금 생활 중에서 고쳐야 할 점이 있다면 무엇입니까? 하나님이 더욱 기뻐하실 만한 헌금을 드리기 위해 노력해야 할 것들은 무엇입니까?

   _____
   _____

메시지

철들기 전의 어린 아이들은 부모님의 고마움을 모릅니다. 그러나 나이를 먹고 철이 들게 되면 이만큼 자란 것이 부모님의 은혜와 사랑 때문이었다는 것을 깨닫게 됩니다. 그래서 철이 들면 부모님께 감사할 줄 압니다.

성도로서의 삶도 마찬가지입니다. 신앙이 성숙해지면 이제까지 살아온 자신의 삶이 자기 힘과 노력의 결과가 아니라, 하나님의 은혜 때문이었다는 것을 깨닫게 됩니다. 그래서 신앙이 성숙한 사람은 하나님의 은혜에 감사할 줄 압니다.

헌금은 하나님의 은혜에 대한 감사의 표현이요, 하나님을 세상의 주인으로 고백하는 신앙의 고백입니다. 그래서 하나님은 감사한 마음으로 자원하여 드리는 예물을 기뻐 받으십니다.

우리들에게 헌금은 하나님의 명령이요, 복의 비결이요, 성도들의 삶을 풍성하게 하는 신앙 행위라고 성경은 가르쳐줍니다. 그러므로 예배 시간에 드리는 헌금은 하나님 앞에서 우리의 사랑과 감사의 마음, 그리고 책임있는 성도의 모습을 보여 드리는 방법입니다.

온 세상 만물의 주인이신 하나님께서는 이미 우리들에게 한없는 은혜와 사랑을 베푸셨고, 온갖 좋은 것들로 풍성하게 하셨습니다. 당신은 이러한 은혜를 느끼고 있습니까? 그리고 은혜에 대한 감사의 마음을 가지고 있습니까? 그렇다면 하나님 앞에 정성과 최선을 다한 예물을 드리십시오. 드리되 자원하는 마음으로, 즐거워하는 마음으로 드리십시오. 헌금은 예배를 드리는 자의 마땅한 본분입니다. 하나님은 마땅한 본분을 기뻐하는 마음으로, 정성어린 마음으로 행하는 자를 기뻐하십니다. 하나님을 기쁘시게 하는 헌금으로 더욱 풍성한 삶을 누리게 되기를 바랍니다.

성례전

찬송: 205장
본문: 마태복음 3:13-17, 26:26-29
요절: 마태복음 26:28

¹³이 때에 예수께서 갈릴리로서 요단강에 이르러 요한에게 세례를 받으려 하신대 ¹⁴요한이 말려 가로되 내가 당신에게 세례를 받아야 할 터인데 당신이 내게로 오시나이까 ¹⁵예수께서 대답하여 가라사대 이제 허락하라 우리가 이와 같이 하여 모든 의를 이루는 것이 합당하니라 하신대 이에 요한이 허락하는지라 ¹⁶예수께서 세례를 받으시고 곧 물에서 올라오실새 하늘이 열리고 하나님의 성령이 비둘기같이 내려 자기 위에 임하심을 보시더니 ¹⁷하늘로서 소리가 있어 말씀하시되 이는 내 사랑하는 아들이요 내 기뻐하는 자라 하시니라 ²⁶저희가 먹을 때에 예수께서 떡을 가지사 축복하시고 떼어 제자들을 주시며 가라사대 받아 먹으라 이것이 내 몸이니라 하시고 ²⁷또 잔을 가지사 사례하시고 저희에게 주시며 가라사대 너희가 다 이것을 마시라 ²⁸**이것은 죄 사함을 얻게 하려고 많은 사람을 위하여 흘리는 바 나의 피 곧 언약의 피니라** ²⁹그러나 너희에게 이르노니 내가 포도나무에서 난 것을 이제부터 내 아버지의 나라에서 새 것으로 너희와 함께 마시는 날까지 마시지 아니하리라 하시니라

도입글

교회에는 성례전이라고 부르는 두 가지 예식이 있습니다. 곧 세례와 성만찬입니다. 세례는 거듭남의 증표이며 교회의 구성원이 되었음을 확인하는 의식입니다. 또한 성만찬은 세례를 받고 거듭난 이들이 떡과 포도주를 나눔으로써 주님의 죽으심과 피흘리심을 기념하는 의식입니다. 예수님은 세례 요한에게 자청하여 세례를 받으셨고, 또 십자가를 앞두고 제자들에게 성만찬을 베푸셨습니다. 즉 성례전은 회개와 구원, 은혜와 사랑을 일깨우고 기념하는 거룩한 의식입니다. 이번 과를 통해서 형식적으로 드러지기 쉬운 성례전의 의미를 되새기며, 구원의 확증과 감격이 살아 있는 성례전 본래의 모습을 회복할 수 있기를 바랍니다.

여는 질문

1. 세례를 받았을 때의 느낌을 서로 나누어 보십시오.

2. 당신이 다니는 교회에서는 정기적으로 성만찬을 행하고 있습니까? 당신은 어떤 마음을 가지고 성만찬에 임하고 있습니까?

 본문속으로

1. 세례의 의미는 무엇입니까?

_____
_____

"자기들의 죄를 자복하고 요단강에서 그에게 세례를 받더니"(마 3:6).

2. 요한이 베푼 세례와 예수님께서 행하신 세례의 같은 점은 무엇이며, 또 다른 점은 무엇입니까?

"나는 너희로 회개케 하기 위하여 물로 세례를 주거니와 내 뒤에 오시는 이는 나보다 능력이 많으시니 나는 그의 신을 들기도 감당치 못하겠노라 그는 성령과 불로 너희에게 세례를 주실 것이요"(마 3:11).

▶ 같은 점 : _____
▶ 다른 점 : _____

3. 성만찬에서 떡과 포도주는 무엇을 상징하고 있습니까?

▶ 떡 : _____ (26절)
▶ 포도주 : _____ (28절)

4. 다음의 구절을 읽고 성만찬의 의미를 나눠 보십시오.

_____

_____

"내 살을 먹고 내 피를 마시는 자는 내 안에 거하고 나도 그 안에 거하나니 살아 계신 아버지께서 나를 보내시매 내가 아버지로 인하여 사는 것같이 나를 먹는 그 사람도 나로 인하여 살리라"(요 6:56-57).

▦ 배우기

1. 세례 요한은 광야에서 주님의 길을 예비하며 백성들에게 회개를 외쳤던 인물입니다. 그는 회개와 이에 대한 용서의 증표로 세례를 베풀었습니다. 물에 몸을 담금으로써 죄에 대하여 죽고, 물에서 나옴으로써 용서와 거듭남을 체험하는 의식이 곧 세례입니다.

"무릇 그리스도 예수와 합하여 세례를 받은 우리는 그의 죽으심과 합하여 세례 받은 줄을 알지 못하느뇨 그러므로 우리가 그의 죽으심과 합하여 세례를 받음으로 그와 함께 장사되었나니 이는 아버지의 영광으로 말미암아 그리스도를 죽은 자 가운데서 살리심과 같이 우리로 또한 새 생명 가운데서 행하게 하려 함이니라"(롬 6:3-4).

2. 요한은 물로 세례를 베풀었습니다. 이는 회개와 용서의 확증이었습니다. 그러나 예수님은 성령과 불로 세례를 베푸셨습니다. 예수님이 행하신 성령과 불의 세례는 성도들이 그들에게 주어진 사명을 능력으로 감당케 하기 위한 것이었습니다. 즉 성령의 불은 죄와 악을 소멸하는 능력이며, 하나님의 역사를 위해

성도들을 헌신하게 만드는 담대한 열정이었습니다.

성령의 세례는 사람들로 하여금 그리스도와 연합하게 하며, 성도들을 한 몸 되게 만드는 역사를 일으킵니다. 그러므로 성령의 세례를 받은 이들은 온전히 거듭나서 그리스도의 사람으로 살아가야 합니다.

> "우리가 유대인이나 헬라인이나 종이나 자유자나 다 한 성령으로 세례를 받아 한 몸이 되었고 또 다 한 성령을 마시게 하셨느니라" (고전 12:13).

3. 떡은 그리스도의 몸을, 포도주는 우리를 위해 흘리신 그리스도의 피를 상징합니다. 이를 먹고 마심으로써 우리는 구원의 은혜를 경험하게 됩니다. 그래서 예수님께서는 이를 통해 "나를 기념하라"고 하셨습니다.

> "또 떡을 가져 사례하시고 떼어 저희에게 주시며 가라사대 이것은 너희를 위하여 주는 내 몸이라 너희가 이를 행하여 나를 기념하라 하시고"(눅 22:19).

4. 예수 그리스도의 몸과 피를 먹고 마심으로써 우리는 예수 그리스도가 내 안에 살아 계시는 것을 경험하게 됩니다.

> "우리가 축복하는 바 축복의 잔은 그리스도의 피에 참예함이 아니며 우리가 떼는 떡은 그리스도의 몸에 참예함이 아니냐 떡이 하나요 많은 우리가 한 몸이니 이는 우리가 다 한 떡에 참예함이라"(고전 10:16-17).

죄를 씻어 거듭나고, 그리스도와 더불어 연합한 사람들의 공동체가 곧 교회입니다. 교회는 예수 그리스도가 머리되신 한 몸입니다. 그러므로 한 몸의 지체된 이들은 서로를 사랑하고 아끼며, 그리스도께 순종함으로써 하나님의 구원 역사를 이룰 수 있습니다.

생각해 보는 이야기

성만찬

18세기 프랑스 혁명이 진행되는 동안, 프랑스 의회에 의해 종교는 폐지되었고, 주일은 사라져 버렸으며, 성직자는 숲속으로 내쫓겼다. 이런 상황속에서 어느 누구도 죽음의 형벌을 초래하는 예배를 드릴 수 없었다. 그렇다고 사람들에게 은총의 수단이 전혀 없었던 것은 아니다. 때때로 심부름꾼이 비밀 암호를 가지고 집집마다 뛰어다니며 "검은 습지요!"라고 말하며 인사나 작별도 고하지 않고 사라졌다. 그러나 그리스도인들은 그 말을 알아듣고, 자정 직후에 어두운 색깔의 옷을 입고 동네 아래에 있는 습지로 은밀히 모였다. 조심스럽게 빛을 가린 등불을 비추고, 추방당한 목사 한 사람이 그리스도의 몸과 피를 그들에게 나눠 주었다. 언제 갑자기 경보가 울리며 군인들이 그들을 덮치고 사격을 가할지 모를 일이었다. 그러나 그것이 무슨 상관이랴? 그리스도의 몸과 피를 나누고 있는 그들은 죽임을 당할지라도 마지막 날에 주님이 오셔서 다시 살리실 것임을 분명히 알았던 것이다.

적용 질문

1. 성례전이 교회에서 종종 형식적으로 치루어지는 의식이 된 이유는 무엇 때문이라고 생각합니까?

   _____

   _____

2. 성만찬을 맞이할 때 당신이 갖추어야 할 마음의 자세를 말해 보십시오.

   _____

   _____

메시지

세례와 성만찬은 초대 교회로부터 이어져 내려오는 교회의 귀중하고 거룩한 의식입니다. 그런데 세례와 성만찬은 종종 특정한 절기에 행해지는 형식적인 의식에 머무를 때가 많습니다. 그러나 세례와 성만찬은 예수님이 직접 제정하신 예식이며, 이는 예식이기 이전에 성도들의 회개와 구원, 그리고 거듭남과 영생을 확증하는 사건이었습니다.

평생 단 한번 받게 되는 세례는 회개를 통한 구원의 감격 속에 받을 수 있어야 합니다. 물의 세례뿐만 아니라, 불과 성령의 세례를 통해 그리스도와 연합된 사람으로 거듭나는 역사가 일어나야 합니다. 세례를 통해 그리스도와 함께 죽고, 함께 부활하는 체험이 있을 때, 당신은 예수 그리스도의 제자로 거듭나게 될 것입니다.

예수 그리스도의 살과 피를 먹고 마실 때마다 우리 속에 예수 그리스도의 죽으심과 피흘리심을 기념하며 감사하는 마음이 자라가야 합니다. 예수님을 맘 속에 모시어 들인다는 신앙고백으로 성만찬을 받을 때, 당신 속에는 살아 계신 예수 그리스도의 은총과 능력이 충만할 것입니다.

성례전은 귀한 은총의 수단입니다. 성례전을 통해 당신의 삶은 더욱 그리스도를 닮아가며 마침내 그리스도와 한몸 된 기쁨을 누릴 수 있습니다. 성례전을 통해 구원의 감격과 그리스도의 능력을 날마다 체험하는 당신이 되기를 소망합니다.

10 다양한 예배

찬송: 71장
본문: 로마서 15:1-13
요절: 로마서 15:7

¹우리 강한 자가 마땅히 연약한 자의 약점을 담당하고 자기를 기쁘게 하지 아니할 것이라 ²우리 각 사람이 이웃을 기쁘게 하되 선을 이루고 덕을 세우도록 할지니라 ³그리스도께서 자기를 기쁘게 하지 아니하셨나니 기록된 바 주를 비방하는 자들의 비방이 내게 미쳤나이다 함과 같으니라 ⁴무엇이든지 전에 기록한 바는 우리의 교훈을 위하여 기록된 것이니 우리로 하여금 인내로 또는 성경의 안위로 소망을 가지게 함이니라 ⁵이제 인내와 안위의 하나님이 너희로 그리스도 예수를 본받아 서로 뜻이 같게 하여 주사 ⁶한 마음과 한 입으로 하나님 곧 우리 주 예수 그리스도의 아버지께 영광을 돌리게 하려 하노라 **⁷이러므로 그리스도께서 우리를 받아 하나님께 영광을 돌리심과 같이 너희도 서로 받으라** ⁸내가 말하노니 그리스도께서 하나님의 진실하심을 위하여 할례의 수종자가 되셨으니 이는 조상들에게 주신 약속들을 견고케 하시고 ⁹이방인으로 그 긍휼하심을 인하여 하나님께 영광을 돌리게 하려 하심이라 기록된 바 이러므로 내가 열방 중에서 주께 감사하고 주의 이름을 찬송하리로다 함과 같으니라 ¹⁰또 가로되 열방들아 주의 백성과 함께 즐거워하라 하였으며 ¹¹또 모든 열방들아 주를 찬양하며 모든 백성들아 저를 찬송하라 하였으며 ¹²또 이사야가 가로되 이새의 뿌리 곧 열방을 다스리기 위하여

일어나시는 이가 있으리니 열방이 그에게 소망을 두리라 하였느니라 13소망의 하나님이 모든 기쁨과 평강을 믿음 안에서 너희에게 충만케 하사 성령의 능력으로 소망이 넘치게 하시기를 원하노라

도입글

구약 시대에 이스라엘 백성들에 의해 드려진 제사는 명시된 법조문의 엄격한 절차에 따라 드려졌습니다. 그러나 초대교회에서 비롯된 예배는 지역과 형편에 따라 그 형식을 달리하기 시작했습니다. 특히 현대교회에서 이런 경향은 더욱 두드러지고 있습니다. 이제 예배는 세대와 문화에 따라, 참석 대상에 따라 제각기 다른 형식으로 드려지고 있습니다. 전통 예배와 다른 형식으로 드려지는 예배(열린 예배)를 어떻게 이해하면 좋을까요? 이번 과를 통해서 열린 예배의 의미에 대해 진지하게 생각해 보시기 바랍니다.

여는 질문

1. 당신은 열린 예배에 참석해 본 경험이 있습니까? 그 때의 처음 느낌은 어떠했습니까?

2. 당신이 경험한 열린 예배 중에서 특별한 형식이나 순서가 있었다면 나눠 보십시오.

본문속으로

1. 강한 자가 마땅히 해야 할 일은 무엇입니까?(1절)
   그 이유는 무엇입니까?(2절)

   ▶ 해야 할 일: _____
   ▶ 그 이유: _____

본문의 "강한 자"와 "연약한 자"는 지금 우리의 세대에서 누구로 이해될 수 있습니까? 가능한한 여러 가지 예를 들어 보십시오.

   ▶ 강한 자 : _____
   ▶ 약한 자 : _____

2. 그리스도께서 할례의 수종자가 되신 이유는 무엇입니까? (8, 9절)

   _____
   _____

3. 주의 백성들과 함께 즐거워하고 찬양해야 할 사람은 누구입니까? (10, 11절)

   _____
   _____

본문의 "열방"에 해당되는 사람들은 지금 우리의 세대에서 누구로 이해될 수 있습니까?

열방 ➡

해설을 위한 도움말

원어 해설

받되 - (προσλαμβάνω, 프로슬람바노) 문자적 의미는 '추가로 취하다'. '모임이나 공동체에 참여시키다' 는 뜻.

담당하고 - (βαστάζω, 바스타조) 원뜻은 '위로 끌어올리다'. '무거운 짐을 짊어지고 나르다' 는 의미.

배우기

1. 강한 자가 마땅히 해야 할 일은 연약한 자의 약점을 담당하는 것입니다. 이는 우리와 이웃 간에 선을 이루고 덕을 세우기 위함입니다. 바울은 앞에서도 믿음이 연약한 자를 비판하거나 업신여기지 말고 기꺼이 받으라고 말했습니다. 하나님께서도 연약한 자들을 받으셨으므로 우리도 그들을 받는 것이 마땅합니다.

"믿음이 연약한 자를 너희가 받되 그의 의심하는 바를 비판하지 말라 어떤 사람은 모든 것을 먹을 만한 믿음이 있고 연약한 자는 채소를 먹느니라 먹는 자는 먹지 않는 자를 업신여기지 말고 먹지 못하는 자는 먹는 자를 판단하지 말라 이는 하나님이 저를 받으셨음이니라" (롬 14:1-3).

교회에는 각양각색의 사람들이 있습니다. 믿음의 연조가 깊은 사람이 있는가 하면 불과 지난 주에 교회에 등록한 초신자도 있습니다. 저마다 다른 성장 배경과 학력, 성별과 지역, 계층에 따라 신앙 생활도 다양한 모습을 띠게 마련입니다. 이런 차이는 용납과 이해의 대상이지, 고치거나 버려야 할 잘못된 모습은 아닙니다.

2. 예수 그리스도께서는 율법 아래 갇힌 분이 아니었지만 기꺼이 할례의 수종자가 되셨습니다. 이는 조상들에게 주신 약속을 견고케 하고, 이방인들로 하여금 하나님께 영광을 돌리게 하기 위함이었습니다.

"내가 모든 사람에게 자유하였으나 스스로 모든 사람에게 종이 된 것은 더 많은 사람을 얻고자 함이라 유대인들에게는 내가 유대인과 같이 된 것은 유대인들을 얻고자 함이요 율법 아래 있는 자들에게는 내가 율법 아래 있지 아니하나 율법 아래 있는 자 같이 된 것은 율법 아래 있는 자들을 얻고자 함이요 율법 없는 자에게는 내가 하나님께는 율법 없는 자가 아니요 도리어 그리스도의 율법 아래 있는 자나 율법 없는 자와 같이 된 것은 율법 없는 자들을 얻고자 함이라 약한 자들에게는 내가 약한 자와 같이 된 것은 약한 자들을 얻고자 함이요 여러 사람에게 내가 여러 모양이 된 것은 아무쪼록 몇몇 사람들을 구원코자 함이니 내가 복음을 위하여 모든 것을 행함은 복음에 참예하고자 함이라" (고전 9:19-23).

3. 열방은 곧 세상 모든 사람을 뜻합니다. 하나님은 교회 안에 있는 사람들에게서만 찬양과 영광을 받으실 분이 아닙니다. 온 세상의 모든 사람, 곧 열방이 함께 찬양하고 감사해야 합니다. 미국에서 행해진 한 설문조사를 보면 불신자들이 교회에 나오지 않으려는 이유가 다음과 같이 조사되었습니다.

    1. 예배가 지겹고 생명력이 없다.
    2. 판에 박힌 듯한 예배는 늘 동일한 것의 반복처럼 보인다.
    3. 설교는 현실 세계와 너무 동떨어져 있다.
    4. 목사는 설교를 통해 사람들의 죄책감을 더욱 무겁게 한다.
    5. 교회는 언제나 돈을 지나치게 요구한다.

이 조사는 우리가 당연하게 드리는 예배가 교회 밖의 사람들에게는 아무런 의미가 없거나, 혹은 걸림돌이 될 수도 있다는 사실을 일깨워 주고 있습니다.

열린 예배는 다양한 세대와 계층에게 다가가 그들과 함께 하나님께 감사하고 찬양과 영광을 돌리려는 노력의 산물입니다. 아직 예수님을 구주로 영접하지 못한 불신자들을 대상으로 하는 예배, 새신자들로 하여금 교회에 보다 더 잘 적응할 수 있도록 돕는 예배, 다양한 계층의 사람들이 그들의 언어와 문화로 드리는 예배가 곧 열린 예배입니다.

생각해 보는 이야기

살아있는 예배

요한 크리소스톰이 자신의 교구 가운데 사제가 없어서 어려움을 겪고 있는 곳을 찾아갔다. 그는 그곳에서 농부 한 사람을 잘 가르쳐 사제로 임명하였다. 그러나 주교의 관구로 돌아온 크리소스톰의 마음은 편치 않았다. '그렇게도 준비가 부족한 사람을 사제로 세우다니 내가 커다란 잘못을 저지른 것은 아닐까?'

크리소스톰은 그곳을 다시 찾아갔다. 이번에는 예배가 시작된 지 몇 분이 지난 뒤에 교회로 들어가, 이 농부 출신의 사제가 예배를 어떻게 인도하는지 지켜보았다. 예배를 한동안 지켜보던 크리소스톰은 자신도 모르게 눈물을 흘렸다. 그는 그토록 정성을 다해서 빛나는 얼굴로 기도를 드리고, 짧은 설교에 열정을 쏟아 부어 참석한 사람들의 마음을 사로잡는 사제를 본 적이 없었다. 예배가 끝난 후 크리소스톰은 제단으로 나가서 그 사제 앞에 무릎을 꿇고 축복을 청했다. 갑자기 모습을 드러낸 감독이 축복을 청하자 사제는 깜짝 놀라며 말했다.

"감독님께서 저를 축복하셔야지요." 감독은 고집을 꺾지 않았다. "그대가 나를 축복해 주시오. 나는 당신처럼 마음속에 불 같은 열정과 사랑으로 하나님을 섬기는 사제를 일찍이 본 적이 없소." 그러자 그 사제가 의아한 표정을 지으며 말했다.

"감독님, 다르게 하나님을 섬기는 법도 있습니까?"

적용 질문

1. 당신이 "받아야" 할 사람들을 말해 보십시오. 어떤 점에서 그들은 당신과 다릅니까?

   _____
   _____

2. 교회에 처음 나온 사람이라고 가정하고 예배를 드려 보십시오. 새신자들이 느낄 수 있는 불편함과 어색함은 어떤 것일지 말해 보십시오. 혹 당신의 그룹 내에 새신자가 있다면 그들의 경험을 경청해 보십시오.

메시지

현대교회에서 예배는 형식적인 의식으로 행해지거나, 혹은 때워야 할 시간으로 간주되곤 합니다. 이는 성도 개개인의 영적인 성장을 위해서도, 교회의 건강을 위해서도 반드시 고쳐야 할 태도입니다.

우리에게는 꼭 지켜야 할 원칙(Principle)이 있고, 그 원칙을 위해서 존재하는 규칙(Rule)이 있습니다. 예배의 형식보다 중요한 것은, 예배의 정신입니다. 예배의 정신을 지키는 일이 원칙이라면, 예배의 형식은 규칙입니다. 그러므로 예배의 정신을 완성하도록 돕는 것이 예배의 형식이어야 합니다. 본말이 전도된 예배는 죽어있는 예배, 화석 같은 예배라서 아무 능력도, 감동도 없습니다.

형식 안에 갇혀 있던 영적인 감동이 예배 안에 생생하게 살아나도록 하십시오. 하나님을 향한 열망의 마음들이 예배 시간을 통해 마음껏 터져 나오도록 하십시오. 저마다 경험한 은혜를 저마다의 언어로 고백하는 예배, 세대와 계층이 하나되어 어우러진 찬양으로 하나님을 높이는 예배, 그래서 감격과 감사가 있는 예배가 되게 하십시오.

그리고 그 예배로 믿음이 약한 자, 이방인, 아직 교회의 울타리 밖에 있는 온 세상의 사람들을 초청하십시오. 그리고 그들 안에 있는 영적인 갈급함과, 진지하게 하나님을 찾는 구도의 마음이 예배 안에 녹아지게 하십시오.

온 세상 만민이, 온 세상 만물이 다함께 하나님을 찬양할 수 있도록 넉넉한 마음과 열린 눈으로 예배하는 당신이 되기를 소망합니다.

가정예배

찬송: 305장
본문: 신명기 6:2-9
요절: 신명기 6:5

2곧 너와 네 아들과 네 손자로 평생에 네 하나님 여호와를 경외하며 내가 너희에게 명한 그 모든 규례와 명령을 지키게 하기 위한 것이며 또 네 날을 장구케 하기 위한 것이라 3이스라엘아 듣고 삼가 그것을 행하라 그리하면 네가 복을 얻고 네 열조의 하나님 여호와께서 네게 허락하심 같이 젖과 꿀이 흐르는 땅에서 너의 수효가 심히 번성하리라 4이스라엘아 들으라 우리 하나님 여호와는 오직 하나인 여호와시니 5**너는 마음을 다하고 성품을 다하고 힘을 다하여 네 하나님 여호와를 사랑하라** 6오늘날 내가 네게 명하는 이 말씀을 너는 마음에 새기고 7네 자녀에게 부지런히 가르치며 집에 앉았을 때에든지 길에 행할때에든지 누웠을 때에든지 일어날 때에든지 이 말씀을 강론할 것이며 8너는 또 그것을 네 손목에 매어 기호를 삼으며 네 미간에 붙여 표를 삼고 9또 네 집 문설주와 바깥 문에 기록할지니라

도입글

가정이야말로 축복의 근원이 될 수도 있고 타락과 불의의 온상이 될 수도 있습니다. 로마제국의 멸망사가 남긴 교훈 가운데 하나가 도덕 불감증과 가정의 파괴였다는 사실이 이를 잘 보여줍니

다. 로마 가정들의 붕괴와 함께 역사가 무너져 가는 그 마지막 황혼을 지켜보면서 한 철학자는 "애국자여 가정을 지키시오"라고 호소했으며, "신이여! 기도하는 가정을 로마에 다시 일으켜 세워 주십시오"라는 기도문을 남겼다고 합니다. 가정이 해체되고, 세대간의 단절이 심화되어 가는 이 시대에 가정예배는 아름답고 사랑이 넘치는 가정을 지키는 마지막 보루가 될 수 있을 것입니다. 이번 과를 통해 가정예배의 소중한 의미를 발견하게 되기를 바랍니다.

 여는 질문

1. 당신은 가정에서 자녀들과 함께 가정예배를 드리고 있습니까? 드리고 있다면 어떻게 드리고 있는지 예배의 모습을 함께 나누어 보십시오.

2. 가정예배를 드릴 때 가장 어려운 점은 무엇입니까?
   _____
   _____

본문 속으로

1. 이스라엘 백성들이 들어야 할 첫 번째 명령은 무엇입니까? (5절)
   _____

2. 하나님의 말씀을 자녀들에게 가르치는 방법을 본문에 기록된 대로 적어 보십시오. 결국 그 의미는 무엇입니까? (7-9절)

▶ 방법 :

▶ 의미 :

"또 아비들아 너희 자녀를 노엽게 하지 말고 오직 주의 교양과 훈계로 양육하라" (엡 6:4).

3. 하나님의 말씀과 명령을 지켜 행한 자에게 약속된 복은 무엇입니까? (2-3절)

"여호와를 경외하며 그 도에 행하는 자마다 복이 있도다 네가 네 손이 수고한대로 먹을 것이라 네가 복되고 형통하리로다 네 집 내실에 있는 네 아내는 결실한 포도나무 같으며 네 상에 둘린 자식은 어린 감람나무 같으리로다 여호와를 경외하는 자는 이같이 복을 얻으리로다 여호와께서 시온에서 네게 복을 주실지어다 너는 평생에 예루살렘의 복을 보며 네 자식의 자식을 볼지어다 이스라엘에게 평강이 있을지로다" (시 128:1-6).

해설을 위한 도움말

원어 해설 – 들으라

(שָׁמַע, 샤마) 샤마는 기본 어근이며, '듣다'(hear)를 의미한다. '경청하다'(listen to), '순종하다'(obey)라는 의미도 포함하고 있다.

배우기

1. 본문의 4-5절은 이스라엘 백성들이 지켜야 할 법도의 근간이 되는 말씀입니다. 이 말씀은 곳곳에서 반복되어 나타나고 있으며 이스라엘 백성들 가운데서 신앙과 교육의 지표가 되었던 중요한 말씀인만큼 예수님께서도 이 말씀을 다시 한 번 강조하셨습니다.

결국 하나님 사랑과 이웃 사랑은 신앙과 교육, 특히 가정예배를 통한 자녀의 신앙교육에 있어서도 가장 근본이 되는 가르침입니다.

"예수께서 가라사대 네 마음을 다하고 목숨을 다하고 뜻을 다하여 주 너의 하나님을 사랑하라 하셨으니 이것이 크고 첫째 되는 계명이요 둘째는 그와 같으니 네 이웃을 네 몸과 같이 사랑하라 하셨으니 이 두 계명이 온 율법과 선지자의 강령이니라"(마 22:37-40).

2. 본문의 표현들은 언제 어디서나 말씀 안에서 살도록 하라는 뜻으로 이해할 수 있습니다. 실제로 이스라엘 백성들은 이 구절

을 생활 속에서 그대로 실천함으로써 매우 성공적인 신앙 교육의 모습을 보여주었습니다.

성공적인 신앙교육은 부모의 마음에 먼저 말씀을 새기는 일로부터 비롯됩니다. 모범적인 부모만이 자녀들을 의로 교육할 수 있으며, 특히 가정예배는 신앙과 양심에 있어서 거리낌이 없을 때, 바로 드려질 수 있습니다.

"가이사랴에 고넬료라 하는 사람이 있으니 이달리야대라 하는 군대의 백부장이라 그가 경건하여 온 집으로 더불어 하나님을 경외하며 백성을 많이 구제하고 하나님께 항상 기도하더니" (행 10:1-2).

고넬료는 경건한 사람으로서 온 가정이 함께 하나님을 섬겼습니다. 이처럼 가정에서 인정받는 신앙인은 밖에서도 인정 받을 수 있습니다.

3. 네 날이 장구할 것(2절), 젖과 꿀이 흐르는 땅에서 너희 수효가 심히 번성할 것(3절), 이 두 가지가 이스라엘에게 하신 하나님의 약속이었습니다. 하나님 신앙이 바로 서면 가정이 바로 서고, 가정이 바로 서면 교회와 사회도 건강하게 설 수 있습니다.

※ 가정예배의 실제

가정예배는 교회에서 드려지는 예배처럼 공식적인 예배의 모든 요소를 포함할 필요는 없습니다. 다만 사랑하는 가족들이 함께 모여 진실한 마음으로 하나님께 드리면 됩니다. 다음은 실제 가정예배에 필요한 순서입니다.

1. **묵상기도** : 온 가족이 그날의 일을 되돌아보며 묵상기도를 드립니다.
2. **찬양** : 찬송가와 복음성가 등 모두 함께 공감할 수 있는 찬양을 드립니다.
3. **기도** : 가족 구성원들이 매일 돌아가면서 기도드립니다.
4. **성경 읽기와 말씀 선포** : 가장이 준비하거나 가족들이 돌아가면서 준비하면 좋습니다. 그러나 매일 말씀을 준비하는 것이 어렵고 부담스럽다면 가정예배서나 매일 묵상집 등을 준비해서 함께 읽는 것도 좋습니다. 자녀들이 어리다면 하루에 한 절씩 성경 암송을 시키는 것도 좋은 신앙교육이 됩니다.
5. **헌금** : 가족들이 정성을 모아 구제헌금 등을 정기적으로 드리는 것도 의미 있는 일이 될 것입니다.
6. **교제** : 가족들이 그날의 일들을 서로 나누면서 가족들 간의 공감대를 만들어 나가는 시간을 갖습니다. 가정 예배는 예배와 더불어 가족들간의 유대와 친밀감을 나누는 것도 매우 중요합니다.

생각해 보는 이야기

가정이란

어떤 잡지사에서 '가정이란 무엇이냐' 라는 제목으로 설문조사를 했더니 800여 가지의 답이 나왔다. 이 중 6가지를 소개해 본다.

1. 가정은 투쟁이 없는 세계요, 큰 자가 작은 자로 변하는 곳이다.
2. 가정은 작은 자가 크게 되고, 큰 자가 작게 되는 곳이다.
3. 가정은 아버지의 왕국이요, 어머니의 세계요, 자식들의 낙원이다.
4. 가정은 우리의 애정의 중심이니, 그곳에는 우리의 마음이 있는 곳이요, 최선의 소원이 있는 곳이다.
5. 가정은 위가 하루 세 때 밥을 얻어먹는 곳이요, 우리 마음은 천 번이나 얻어먹는 곳이다.
6. 가정은 땅 위에 있어서는 인간의 허물과 실패를 달콤한 사랑 속에 숨겨 주는 곳이다.

적용 질문

1. 아직 가정예배를 드리지 못하고 있다면, 가족들에게 설명할 수 있는 가정예배의 필요성을 짧게 적어 보십시오.

2. 가정예배를 드리게 되었을 때 달라질 가정과 자신의 모습을 생각해 보고 어떤 점이 달라져 있을지 나누어 보십시오.

메시지

가정은 하나님께서 주신 가장 소중한 안식처입니다. 그러나 많은 가정들이 가정으로서의 역할을 제대로 하지 못하고 있는 것이 현실입니다. 이는 분명히 세대나 환경의 탓도 있겠지만 가정의 소중함을 인식하고, 이를 지키기 위해 더 노력하지 못한 우리에게도 책임이 있습니다.

당신의 가정이 더욱 아름답고 튼튼한 가정이 되기 원한다면 가정예배를 드리십시오. 매일 가정예배를 드리는 것이 어렵다면, 일주일에 한 번이라도 온 가족이 모일 수 있는 시간을 택해서 가정예배를 드려 보십시오. 저녁 시간이 어렵다면 아침 시간이라도 좋습니다. 부디 용기와 열심을 내 보십시오.

가정예배를 드리게 되면 가정의 참된 주인이신 하나님을 만날 수 있습니다. 초대 교회 교인들은 "저희가 날마다 성전에 있든지 집에 있든지 예수는 그리스도(주님)라 가르치기와 전도하기를 쉬지 아니하니라"(행 5: 42)는 말씀처럼 살았습니다. 성전과 집은 그들의 예배 처소이자 삶의 장소였습니다. 이제 당신의 집을 예배하는 성전으로 만드십시오.

가정예배를 드리면 온 가족이 함께 주님의 인도를 받아 마음을 하나로 모을 수 있습니다. 저마다 다른 가치관과 삶의 방식으로 가족들 간의 의사소통마저 힘들어진 이 때에, 가정예배는 가족 구성원의 마음과 뜻을 한 곳에 모을 수 있는 귀한 기회가 될 것입니다.

가정예배의 유익은 여기서 그치지 않습니다. 요즘 세대에서 가장 어려운 문제는 무엇보다 자녀교육의 문제입니다. 그러나 가정예배를 드리는 가정은 자녀들을 신앙과 훈계로 양육할 수 있습니다. 더욱이 주님의 도우심으로 교육하는 것이기에 자녀들을 주님의 마음에 합한 사람으로 자라게 합니다. 특히 오늘 본문으로 읽었던 신명기의 말씀처럼 규칙적이고 철저한 말씀의 교육은 자녀들의 신앙과 인성을 바르게 인도해 줄 것입니다.

시편 128편의 말씀을 읽으면 행복한 한 가정의 모습을 눈앞에 보는 듯합니다. 당신과 당신의 가족들이 가정예배를 드리게 된다면 그 아름다운 모습은 당신의 가정에서 재현될 것입니다. 당신이 가장 사랑하는 사람들과 함께 하나님을 찬양하는 모습을 상상해 보십시오. 가정예배를 통해 가장 사랑하는 사람들과 가장 귀한 것을 함께 나누는 복된 역사가 당신의 가정에 일어나기를 소망합니다.

12 예배 공동체

찬송: 278장
본문: 사도행전 2:42-47
요절: 사도행전 2:47

⁴²저희가 사도의 가르침을 받아 서로 교제하며 떡을 떼며 기도하기를 전혀 힘쓰니라 ⁴³사람마다 두려워하는데 사도들로 인하여 기사와 표적이 많이 나타나니 ⁴⁴믿는 사람이 다 함께 있어 모든 물건을 서로 통용하고 ⁴⁵또 재산과 소유를 팔아 각 사람의 필요를 따라 나눠 주고 ⁴⁶날마다 마음을 같이 하여 성전에 모이기를 힘쓰고 집에서 떡을 떼며 기쁨과 순전한 마음으로 음식을 먹고 ⁴⁷**하나님을 찬미하며 또 온 백성에게 칭송을 받으니 주께서 구원 받는 사람을 날마다 더하게 하시니라**

도입글

주일 아침, 당신의 교회를 멀리서 바라본다고 상상해 보십시오. 종종 걸음으로 모여든 사람들이 교회 안으로 밀물처럼 밀려 들어갑니다. 한 시간 정도의 시간이 흐르면 예배가 끝나고 사람들이 썰물처럼 거리로 흩어집니다. 그 한 시간 동안 교회에서는 어떤 일이 일어났을까요? 교회를 중심으로 밀물과 썰물이 되었던 사람들에게는 어떤 변화가 있었던 것일까요? 사람들은 무엇 때문에 그렇게 모였다가 다시 흩어지는 것일까요?
이번 과에서는 예배하는 공동체의 모습을 살펴보려고 합니다. 예배는 공동체에게 무엇이고, 예배는 공동체를 어떻게 변화시키는지 함께 생각해 보십시오.

▥ 여는 질문

1. 당신이 교회에 다니는 가장 큰 이유는 무엇입니까?

   _____
   _____

2. 신앙생활을 하면서 당신이 가장 즐겁게 하는 일은 무엇입니까? 또 어떤 일을 할 때 보람을 느낍니까?

   _____
   _____

▥ 본문 속으로

1. 초대 교회의 특징적인 모습들은 예배와 친교, 그리고 그로 인한 교회의 부흥이었습니다. 각각의 특징들을 표현하고 있는 구절들을 찾아 적어 보십시오.

   ▶ 예배 :
   ▶ 친교 :
   ▶ 부흥 :

2. 다음의 구절들을 읽고 교회 공동체에서 필요한 덕목들은 무엇인지 말해 보십시오.

1) "모든 기도와 간구로 하되 무시로 성령 안에서 기도하고 이를 위하여 깨어 구하기를 항상 힘쓰며 여러 성도를 위하여 구하고"(엡 6:18).

_____

_____

2) "시와 찬미와 신령한 노래들로 서로 화답하며 너희의 마음으로 주께 노래하며 찬송하며 범사에 우리 주 예수 그리스도의 이름으로 항상 아버지 하나님께 감사하며 그리스도를 경외함으로 피차 복종하라"(엡 5:19-21).

_____

_____

3) "서로 돌아보아 사랑과 선행을 격려하며"(히 10:24).

_____

_____

4) "형제들아 너희가 자유를 위하여 부르심을 입었으나 그러나 그 자유로 육체의 기회를 삼지 말고 오직 사랑으로 서로 종노릇하라"(갈 5:13).

_____

_____

5) "형제를 사랑하여 서로 우애하고 존경하기를 서로 먼저 하며"(롬 12:10).

6) "우리가 서로 사랑할지니 이는 너희가 처음부터 들은 소식이라"(요일 3:11).

3. 다음의 구절은 데살로니가 교회에 보낸 바울의 편지입니다. 이 편지를 통해서 알 수 있는 데살로니가 교회의 모습은 어떠합니까?

"너희의 믿음의 역사와 사랑의 수고와 우리 주 예수 그리스도에 대한 소망의 인내를 우리 하나님 아버지 앞에서 쉬지 않고 기억함이니"(살전 1:3).

"이는 우리 복음이 말로만 너희에게 이른 것이 아니라 오직 능력과 성령과 큰 확신으로 된 것이니 우리가 너희 가운데서 너희를 위하여 어떠한 사람이 된 것은 너희 아는 바와 같으니라"(살전 1:5).

> **해설을 위한 도움말**
>
> ### 원어 해설
>
> **교회**– (ἐκκλησία, 에클레시아) '바깥으로 불러내다'는 뜻. 죄악 세상에서 부름받은 성별(聖別)된 자들의 모임.
>
> **사귐**– (κοινωνία, 코이노니아) '코이노네오'(나누다)에서 파생. '친교', '교제'. 주로 예수 그리스도 안에서 성도 간의 교제나 예수 그리스도를 매체로 한 성도와 하나님 사이의 신령한 교제를 가리킨다.

배우기

1. 초대 교회는 예배와 사귐, 그리고 선교의 사명을 위해 모인 공동체였습니다. 비록 체계적인 조직은 갖추어지지 않았지만, 2천년 교회사의 어떤 교회보다 생동감 있게 일하며 사명을 감당했던 교회였습니다.

   초대 교회는 예배가 살아있는 교회였습니다. 날마다 모여서 기도하고 찬양하면서 초대 교회는 하나님을 가까이 경험할 수 있었습니다. 교회는 무엇보다 예배 공동체가 되어야 합니다. 이는 교회의 가장 큰 목적이며, 예배가 바탕이 될 때 교회는 비로소 교회일 수 있습니다. 특히 현대 교회가 초대 교회에서 가장 크게 배우고 회복해야 할 모습이기도 합니다.

   초대 교회는 예배와 기도를 통해 세상과 뚜렷이 구별되는 사랑과 나눔의 공동체로 변화되었습니다. 또한 이렇게 사랑과 나눔으로 하나가 된 공동체는 사명을 위해 일하는 사명 공동체로 자라가게 되었습니다.

2. 교회 공동체는 서로를 위해 기도하는 공동체, 예배 공동체, 서로를 북돋우고 격려하는 공동체, 섬김의 도를 다하는 공동체, 우애와 존경을 앞세우는 공동체, 사랑으로 하나되는 공동체가 되어야 합니다. 이는 그리스도 안에서 하나가 된 우리의 마땅한 도리이기도 합니다.

"그리스도의 평강이 너희 마음을 주장하게 하라 평강을 위하여 너희가 한 몸으로 부르심을 받았나니 또한 너희는 감사하는 자가 되라"(골 3:15).

3. 데살로니가 교회는 예배와 성도의 교제로 말미암은 열매를 맺는 교회였습니다. 믿음의 역사와 사랑의 수고, 소망의 인내는 곧 성령의 열매였습니다.

"오직 성령의 열매는 사랑과 희락과 화평과 오래 참음과 자비와 양선과 충성과 온유와 절제니 이같은 것을 금지할 법이 없느니라"(갈 5:22-23).

이처럼 교회 공동체는 예배를 통하여 하나님을 경험하고, 사랑으로 그리스도와 성도 간의 교제를 나누며, 성령의 역사를 통하여 사명 공동체로 자라가야 합니다.

생각해 보는 이야기

성숙한 신앙인

다음은 한 종교 연구소가 "무엇으로 성숙한 신앙인을 구별할 수 있는가?"라는 질문으로 조사한 결과이다.

첫째, 하나님의 구원하시는 은혜를 확실히 믿는 사람.

둘째, 예수님이 곁에 계심을 믿어 언제나 마음에 평안이 있고, 또 무엇에나 감사하는 사람.

셋째, 가정, 직장, 사회에서의 신앙과 생활이 밀접하게 결합된 사람.

넷째, 기도, 성경 연구, 교회 참석 등을 통하여 영적 성장이 이루어지도록 계속 노력하는 사람.

다섯째, 신앙 공동체 속에 들어가 동료 크리스천의 영적 성장을 위하여 힘쓰고 있는 사람.

여섯째, 인종, 남녀, 계급을 초월하여 이웃의 복지와 행복에 대하여 책임 의식을 가지고 노력하는 사람.

일곱째, 사회 정의를 위하여 사명을 느끼고 노력하는 사람.

여덟째, 사랑으로 인간을 섬기는 것을 삶의 목적으로 여기는 사람.

적용 질문

1. 교회 안에서 당신이 참여하는 모임이나 친교의 자리는 어떤 것이 있는지 나눠 보십시오.

_____

_____

2. 그리스도인의 올바른 교제를 방해하는 것들은 무엇입니까? 또한 그런 교제의 걸림돌들을 극복할 수 있는 방법은 무엇입니까?

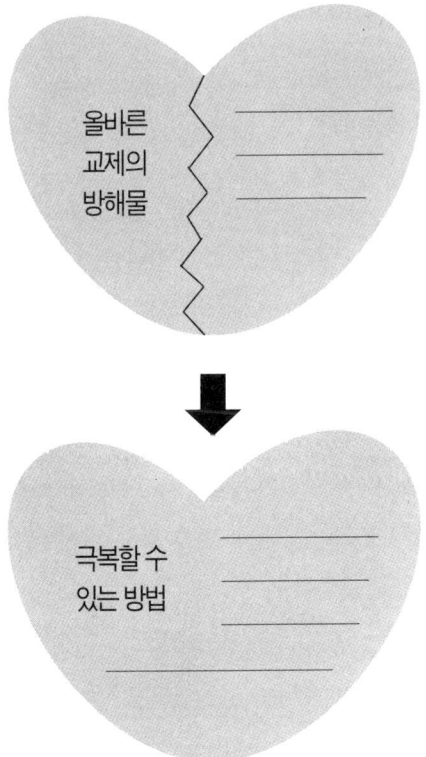

 메시지

유대인들에게 이런 잠언이 있습니다. "나그네를 대접하는 일은 하나님의 이름에 경외심을 표하는 것보다도 위대한 일이다." 유대인들이 여호와라는 이름에 극도로 깊은 경외심을 표했다는 사실을 생각해 볼 때, 손님을 대접하는 일이 얼마나 중대한 일이었는지를 짐작하게 하는 잠언입니다.

우리를 기도와 예배로 부르는 교회의 종소리는 우리 귀에 아주 친숙하게 느껴집니다. 이와 마찬가지로 대문의 초인종 소리 또한 우리를 기도와 예배로 부르는 소리입니다. 현관의 초인종이나 노크 소리는 우리를 기도로 부르는 소리이며, 손님 대접의 성례로 초청하는 소리입니다.

손님 대접이란 하나님께로부터 시작된 베풂의 흐름이 우리를 통하여 다른 사람들에게로 계속되도록 이어주는 방법입니다. 그러나 우리 마음에 감사가 사라지는 순간 이 거룩한 흐름은 중단되고 맙니다. 우리가 친절한 마음과 공손한 몸가짐으로 사람들을 반기고 다정히 대할 때, 우리에게 흘러들어온 인생의 선물들은 다시 세상으로 흘러 나가게 되며, 마침내 최초의 근원지로 돌아가게 됩니다. 하나님의 사랑은 끊임없이 흘러 나와 우리 가운데 베풂이라는 흐름을 타고 세상을 향해 또 흘러갑니다. 우리는 그 선물이 계속해서 다른 사람들에게로 흘러가도록 해야 합니다. 이렇게 할 때 그 사랑은 시원인 하나님의 마음으로 되돌아가 다시 새로운 흐름의 길을 떠날 수 있는 것입니다.

- 네가 선 곳은 어디든지 거룩한 곳이니라 / 에드워즈 헤이즈

"주를 경외하게 하는 주의 말씀을 주의 종에게 세우소서"(시 119:38)

하나님의 말씀으로 사람을 세우는
프리셉트성경연구원

프리셉트성경연구원(Precept Ministries International)은 미국에 본부를 둔 초교파적인 복음주의 기독교 단체로서, 사람들을 하나님의 말씀으로 무장시키고 삶의 전 영역에서 하나님을 섬기도록 돕는 데 그 비전과 목표를 두고 있습니다.

프리셉트성경연구원은 1년에 약 12주씩 4학기(3월, 6월, 9월, 12월 개강) 동안 매주 월요일에 귀납적 성경연구 세미나와 강해설교 학교를 진행합니다.

프리셉트성경연구원의 사역은 다음과 같습니다.

1. 하나님의 말씀으로 세운다 _ 귀납적 성경연구 사역
2. 하나님의 사람을 세운다 _ 문서 사역
3. 하나님의 교회를 섬긴다 _ 목회 은사 개발 사역
4. 하나님의 사람을 파송한다 _ 프리셉트 선교 사역

프리셉트성경연구원 사역 문의 및 연락처
서울시 서초구 청룡마을길 8-1(신원동) Tel: 02-588-2218 Fax: 02-588-2268
www.precept.or.kr

〈프리셉트 어린이 신앙전기 도서〉

프리셉트 어린이 신앙전기 ❶
파란 눈의 중국인 선교사 **허드슨 테일러**

중국인들의 친구가 된 허드슨 선교사의 이야기. 그는 어려움에 닥칠 때마다 하나님을 의지하며 기도의 힘으로 이겨 냈다.   값 12,000원

프리셉트 어린이 신앙전기 ❷
고아들의 영웅 **조지 뮬러**

고아들을 돌보며 영혼을 구원하는 일에 전념했던 조지 목사. 그가 행한 섬김의 삶이 얼마나 복된 것인지 볼 수 있다.   값 8,000원

프리셉트 어린이 신앙전기 ❸
고통 속에서 희망을 노래하는 **코리 텐 붐**

나치가 지배하던 세상은 증오심으로 미쳐가고 있었다. 그 속에서 코리는 말씀을 통해 희망을 노래할 수 있었다.   값 7,500원

프리셉트 어린이 신앙전기 ❹
달리기 챔피언 선교사 **에릭 리들**

에릭은 주일에 달릴 수 없다는 이유로 경기를 포기했다. 대신 그는 하나님의 인도하심으로 크나큰 영광을 받게 된다.   값 8,000원

프리셉트 어린이 신앙전기 ❺
꿈과 열정의 전도자 **빌 브라이트**

평생 뜨거운 전도의 열정을 품고 세계를 누빈 빌 브라이트. 그의 삶은 실천하는 참된 신앙인이란 무엇인지 보여 준다.   값 10,000원

프리셉트 어린이 신앙전기 ❻
살아 있는 순교자 **리처드 범브란트**

리처드는 핍박을 당하는 상황에서도 모든 사람을 하나님의 사랑으로 용서했다. 또한 믿음을 지키며 그들을 위해 기도했다.   값 8,000원

프리셉트 어린이 신앙전기 ❼
종교 개혁의 횃불을 든 **마틴 루터**

루터의 용기 있는 신앙이 타락한 교회를 주님만을 바라보는 교회로 변화시켰고, 성경이 말하는 진리를 깨닫게 했다.   값 12,000원

프리셉트 어린이 신앙전기 ❽
열정의 복음 전도자 **디엘 무디**

하나님은 열정으로 가득한 무디를 통해 사람들에게 말씀을 전하셨으며, 오랫동안 방황하던 영혼들을 새롭게 변화시키셨다.   값 10,000원

프리셉트 T.02-588-2218 | www.precept.or.kr

〈 프리셉트 어린이 신앙전기 도서 〉

프리셉트 어린이 신앙전기 ⑨

버마를 구한 하나님의 사람 **아도니람 저드슨**

최초의 미국인 선교사 아도니람 저드슨. 하나님은 그의 재능을 사용하셔서 많은 버마인을 주님의 품으로 인도하셨다.

값 8,000원

프리셉트 어린이 신앙전기 ⑩

어둠을 밝힌 위대한 종교 개혁가 **존 칼빈**

종교 개혁의 기틀을 마련한 신학자 존 칼빈. 그는 세상을 향해 빛을 비추는 진정한 믿음의 삶이란 무엇인지 알게 해준다.

값 10,000원

프리셉트 어린이 신앙전기 ⑪

천로역정을 저술한 믿음의 순례자 **존 번연**

회심 후 강한 믿음을 가진 존 번연은 평생 설교에 매진했으며, 그가 집필한『천로역정』은 지금까지 사랑을 받고 있다.

값 9,800원

프리셉트 어린이 신앙전기 ⑫

나치에 저항한 행동하는 양심 **디트리히 본회퍼**

주님은 본회퍼에게 믿음을 위해 저항할 용기를 주셨다. 그는 하나님께서 주시는 힘으로 나치 정권에 끝까지 맞섰다.

값 9,000원

프리셉트 어린이 신앙전기 ⑬

부흥의 불꽃을 일으킨 천재 신학자 **조나단 에드워즈**

조나단은 모든 순간 하나님의 영광을 선포하고자 했다. 그는 결국 주님의 도우심으로 실천하는 신앙인이 될 수 있었다.

값 9,800원

프리셉트 어린이 신앙전기 ⑭

위대한 복음의 밀수꾼 **브라더 앤드류**

철의 장막을 뚫고 성경책을 몰래 배달한다는 사역은 쉽지 않았다. 그러나 복음을 전하기 위해서는 포기할 수 없는 일이었다.

값 9,800원

프리셉트 어린이 신앙전기 ⑮

노예상인 출신 복음 전도자 **존 뉴턴**

노예무역선 선장이었던 존 뉴턴은 하나님의 은혜를 깨닫고 자기 모습을 반성했다. 이후 그는 목회자가 되어 노예제 폐지에 힘썼다.

값 10,000원

프리셉트 어린이 신앙전기 ⑯

노예제 폐지를 이끈 영국의 양심 **윌리엄 윌버포스**

노예무역선 선장이었던 존 뉴턴은 하나님의 은혜를 깨닫고 자기 모습을 반성했다. 이후 그는 목회자가 되어 노예제 폐지에 힘썼다.

값 12,000원

프리셉트 T.02-588-2218 | www.precept.or.kr

G.B.S. 하나님 마음에 합한 시리즈 ⓰

하나님 마음에 합한 예배

지은이 | 프리셉트성경연구원 편

초판 1쇄 | 2005년 8월 26일
개정 1판 1쇄 | 2008년 10월 31일
개정 2판 1쇄 | 2011년 6월 22일
개정 3판 1쇄 | 2014년 10월 30일
개정 3판 4쇄 | 2025년 3월 20일

발행인 | 김경섭
국제총무 | 최복순
총무이사 | 김현욱
편집부 | 고유영(편집실장), 김성경, 김지혜
인쇄 | 영진문원

발행처 | 묵상하는사람들
등록번호 | 108-82-61175
일부총판 | 생명의말씀사 Tel. (02) 3159-7979 Fax. 080-022-8585

주소 | 서울특별시 서초구 청룡마을길 8-1(신원동) (우) 06802
전화 | (02) 588-2218   팩스 | (02) 588-2268
홈페이지 | www.precept.or.kr
국민은행 431401-04-058116(프리셉트선교회)
2005, 2008, 2011, 2014 ⓒ 묵상하는사람들

값 5,000원
ISBN 978-89-8475-637-3 04230
      978-89-8475-654-0 04230(세트)

독자 여러분의 의견을 기다립니다.
(02) 588-2218 / pmbook77@naver.com